COLEÇÃO **EXIT**

CB140110

NO TEMPO DAS CATÁSTROFES

RESISTIR À BARBÁRIE QUE SE APROXIMA

ISABELLE STENGERS

TRADUÇÃO ELOISA ARAÚJO RIBEIRO

COSACNAIFY

Não se trata de demonstrar aqui que as décadas por vir são cruciais, tampouco de descrever o que poderia acontecer. Tentarei, antes, fazer uma espécie de "intervenção", ou seja, aquilo que experimentamos quando, durante um debate, um participante toma a palavra e apresenta o que está sendo debatido "de uma maneira um pouco diferente", provocando uma pequena pausa. Depois, claro, o debate continua como se nada tivesse acontecido; mais tarde, porém, alguns dos presentes que estavam escutando mostrarão que foram tocados. Foi o que se deu em um debate sobre aquecimento global na televisão belga, quando eu disse que "estávamos terrivelmente mal preparados para enfrentar o que está acontecendo". A descoberta de que essa observação podia constituir uma "intervenção" foi o ponto de partida deste ensaio.

Intervir requer certa brevidade, pois não se trata de convencer, e sim de transmitir para "aqueles a quem isso pode afetar" o que nos faz pensar, sentir, imaginar. Mas, como é também uma prova muito exigente, um trajeto em que é fácil derrapar, é importante não fazer a tentativa sozinha. Por isso agradeço àqueles e àquelas que leram este texto, em um ou noutro estágio de sua elaboração, e cujas críticas, sugestões e até mesmo (ou sobretudo) incompreensões me guiaram, já que fui forçada a tornar mais claro o que escrevia, a compreender melhor o que este ensaio pedia.

Agradeço, em primeiro lugar, a Philippe Pignarre por ter-me dito "você consegue" desde os primeiros esboços, a Didier Demorcy, que chamou constantemente minha atenção para as exigências do que eu estava começando a fazer, e também a Daniel Tanuro, que me deu o impulso decisivo quando eu buscava por onde abordar minha questão.

Agradeço a Émilie Hache, a Olivier Hofman, a Maud Kristen.

Agradeço aos membros do Grupo de Estudos Construtivistas e, em particular, a Didier Debaise, Daniel de Beer, Marion Jacot-Descombes, David Jamar, Ladislas Kroitor, Jonathan Philippe, Maria Puig della Bellacasa e Benedikte Zitouni. Poder contar com a generosidade desses pesquisadores e pesquisadoras, com sua franqueza, sua prática de uma inteligência coletiva, aberta e rigorosa é um verdadeiro privilégio.

Agradeço enfim a Bruno Latour, cuja leitura minuciosa e exigente se inscreve em um processo que, há mais de vinte anos, comprova que conciliações entre caminhos por vezes divergentes se criam graças à divergência, e não apesar dela.

Vivemos tempos estranhos, um pouco como se estivéssemos em suspenso entre duas histórias, que falam ambas de um mundo que se tornou "global". Uma é conhecida de todos. Seu ritmo é marcado pelas notícias do fronte da grande competição mundial, e seu crescimento segue a flecha do tempo. Ela tem a clareza da evidência quanto ao que exige e promove, mas é marcada por uma notável confusão em relação às suas consequências. A outra, em compensação, pode ser pensada como nítida quanto ao que está acontecendo, mas obscura no que exige, na resposta àquilo que está acontecendo.

Clareza não significa tranquilidade. Quando comecei a escrever este texto, a crise dos *subprimes* já estava abalando o mundo financeiro e tomávamos conhecimento do papel não negligenciável desempenhado pela especulação financeira no aumento brutal do preço dos gêneros alimentícios. No momento em que corrigia a última prova do texto (em meados de outubro de 2008), o colapso financeiro estava em curso, as bolsas de valores, em pânico e os Estados, até então mantidos à margem das altas rodas, estavam sendo repentinamente chamados para tentar restabelecer a ordem e salvar os bancos. Não sei como estará a situação quando este livro chegar às mãos dos leitores. Só sei que, à medida que a crise aumentava, cada vez mais vozes tentavam explicar, com toda clareza, seus mecanismos, a instabilidade fundamental das montagens financeiras, o perigo intrínseco daquilo em que os investidores confiavam. De fato, a explicação vem depois e não permite fazer previsões. Mas há uma unanimidade agora: será preciso regulamentar, vigiar e até mesmo proibir alguns produtos financeiros! A era do capitalismo

CAPÍTULO UM

financeiro, esse predador liberado de qualquer obrigação pelo ultraliberalismo de Reagan e Thatcher, teria chegado ao fim, os bancos teriam que reaprender sua "verdadeira profissão", a serviço do capitalismo produtivo.

Talvez uma era tenha chegado ao fim, mas trata-se de um episódio que, como tal, pertence ao que chamei de "primeira história", clara e confusa. Não acredito estar enganada ao pensar que, se a calmaria tiver voltado quando este livro chegar aos leitores, o desafio primordial será o de "relançar o crescimento!". Amanhã, como ontem, nos pedirão para aceitar os sacrifícios exigidos pela mobilização de cada um para esse crescimento e reconhecer a imperiosa necessidade de reformas "pois o mundo mudou". A mensagem dirigida a todos continuará, portanto, intacta: "Não há escolha, é preciso aguentar firme, aceitar que os tempos são difíceis e se mobilizar para um crescimento, sem o qual não há solução concebível. Se 'nós' não o fizermos, outros vão se aproveitar de nossa falta de coragem e de confiança".

Em outros termos, as relações entre protagonistas estarão modificadas, sem dúvida, mas vai ser sempre a mesma história, clara e confusa. Palavras de ordem claras, perspectivas mais do que confusas quanto ao vínculo entre essas palavras de ordem mobilizadoras e a solução para os problemas que se acumulam – desigualdades sociais crescentes, poluição, envenenamento por agrotóxicos, esgotamento das fontes, diminuição do volume dos lençóis freáticos etc.

É por isso que *No tempo das catástrofes*, escrito principalmente antes da grande catástrofe financeira, não teve que ser reescrito depois dela. O ponto de partida é diferente. Ele se reporta a um fato: questionar a capacidade daquilo que hoje se chama de desenvolvimento de responder aos problemas que citei; trata-se, a partir de agora, de arrombar uma porta aberta. A ideia de que cabe a esse tipo de desenvolvimento, movido pelo crescimento, consertar o que ele mesmo ajudou a criar não desapareceu, mas ela não é mais evidente. O caráter intrinsecamente "insustentável" desse desenvolvimento, que alguns anunciavam há décadas, tornou-se agora um saber comum. E é precisamente esse saber, hoje comum, que cria o sentido distinto de que outra história começou. O que sabemos agora é que, se aguentarmos firme e continuarmos a ter confiança no crescimento, vamos, como se diz, "dar de cara com a parede".

Isso não significa de modo algum uma ruptura entre as duas histórias. O que elas têm em comum é a necessidade de resistir ao que nos leva a dar de cara com a parede. Nada do que escreverei a seguir deverá fazer com que se esqueça do caráter indispensável de grandes mobilizações populares – pensemos na de Seattle –, sem paralelo no despertar as capacidades de resistir e para pressionar aqueles que nos pedem para ter confiança. O que me leva a escrever este livro não nega essa urgência, mas responde à necessidade palpável de tentar escutar o que, obscuramente, insiste. Daqui para a frente, há decerto muitas coisas a se exigir dos protagonistas que definem hoje o que é possível e o que não o é. Entretanto, enquanto se luta contra aqueles que fazem reinar as evidências da primeira história, é importante aprender a assumir o que agora sabemos, tomar conhecimento de nossas obrigações diante do que está acontecendo.

Se o saber, agora comum, de que daremos de cara com a parede exige ser assumido, talvez isso se deva ao fato de seu caráter comum não traduzir o êxito de uma "tomada de consciência" geral. Ele não tira proveito, portanto, das palavras, de saberes parciais, de criações imaginativas, de convergências múltiplas que teriam resultado nesse êxito, dando razão àqueles que outrora eram denunciados como aves de mau agouro, adeptos da "volta às cavernas". Como no caso do crash da bolsa, que provou que o mundo das finanças era vulnerável como um todo, foram os "fatos" que falaram, não as ideias que triunfaram. Foi preciso, ao longo destes últimos anos, se render à evidência: a mudança climática global, vivida como uma eventualidade, havia certamente começado. Essa "verdade inconveniente", como foi muito bem chamada, agora se impôs. Não há mais controvérsia entre cientistas, o que não significa que os contraditores desapareceram, mas que ninguém se interessa mais por eles senão como casos, que devem ser interpretados por suas ligações com o lobby do petróleo ou por particularidades psicossociais (por exemplo, na França, ser membro da Academia das Ciências) que aparentemente deixam insensível ao que incomoda.

A partir de agora nós "sabemos", e certos efeitos doravante observáveis já forçam os climatologistas a modificar seus modelos e suas previsões. Assim, o derretimento das geleiras está acontecendo muito mais rápido do que o previsto, tanto no Ártico como na Antártica, e os glaciologistas precisam corrigir seus modelos simplistas demais sobre o assunto. Quanto à taxa de CO_2 na atmosfera, ela progride de tal modo que, aparentemente, o aumento das emissões não é mais a única coisa em questão. Admitia-se que o aquecimento poderia levar a uma diminuição da capacidade dos oceanos e das florestas tropicais para absorver o gás emitido, o que é um desses temíveis mecanismos de retroalimentação positiva apresentados pelos modelos, cuja ativação devia ser evitada, pois aceleraria e amplificaria o aquecimento.

Parece que isso já vem acontecendo. Os modelos devem ser corrigidos, as previsões mais pessimistas produzidas pelas simulações têm mais probabilidade de acontecer. Em suma, estamos, nessa nova época, diante não apenas de uma natureza "que deve ser protegida" contra os danos causados pelos homens, mas também de uma natureza capaz de incomodar, de uma vez por todas, nossos saberes e nossas vidas.

Essa nova situação não significa que as outras questões (poluição, desigualdades...) devam ser relegadas a segundo plano. Elas estão, isto sim, agrupadas, e de duas maneiras. Por um lado, como já salientei, todas questionam a perspectiva de crescimento, identificada com o progresso, que entretanto continua se impondo como único horizonte concebível. Por outro, nenhuma delas pode ainda ser considerada independentemente das outras, pois, a partir de agora, o aquecimento global é um dos componentes de cada uma delas. Trata-se com certeza de uma globalização, e isso, antes de tudo, do ponto de vista das ameaças que se aproximam.

Sabemos que novas mensagens já afetam o infeliz consumidor, que supostamente devia ter confiança no crescimento, mas está sendo igualmente convidado a medir sua pegada ecológica, ou seja, o caráter irresponsável e egoísta de seu modo de consumo. Ouvimos a afirmação de que será preciso "modificar nosso modo de vida". Há um apelo à boa vontade em todos os níveis, mas o desespero dos políticos é quase palpável. Como conciliar o imperativo de "soltar as rédeas do crescimento", de "ganhar" na grande competição econômica, e o desafio de ter que pensar um futuro que define esse tipo de crescimento como irresponsável, até mesmo criminoso?

Apesar desse desespero, é sempre a lógica cristalina do que chamei de a primeira história que prevalece e que continua acumulando vítimas. Vítimas recentes da crise financeira, claro, mas também, e sobretudo, vítimas "comuns" sacrificadas no altar do crescimento a serviço do qual nossas vidas estão fadadas. Entre essas vítimas, há algumas distantes, mas há ainda aquelas mais próximas. Que se pense naqueles que se afogam no mar Mediterrâneo, que preferiram uma morte provável à vida que levariam em seu país "atrasado na corrida ao crescimento", e naqueles que, tendo chegado a nossos países, são perseguidos como "ilegais". Mas não se trata apenas dos "outros". A "mobilização pelo crescimento" atinge os trabalhadores "dos nossos países", submetidos a imperativos de produtividade intoleráveis, como também os desempregados, visados pelas políticas de ativação e de motivação, intimados a provar que passam seu tempo procurando emprego, e até mesmo obrigados a aceitar qualquer "bico". A caça aos desempregados está aberta. Aqui o inimigo público número 1 é o "aproveitador", que conseguiu construir para si uma vida nos interstícios. Que essa vida possa ser ativa, geradora de alegria, de cooperações, de solidariedade, pouco importa, ou então deve ser denunciado. O desempregado que não está envergonhado nem desesperado deve procurar passar despercebido, pois dá o mau exemplo de uma desmobilização, de uma deserção. A guerra econômica exige a presença de todos nós, essa guerra cujas vítimas não têm sequer o direito às honras, mas são intimadas a voltar por todos os meios à frente de batalha.

Era preciso lembrar esse contraste quase estarrecedor entre o que sabemos e o que nos mobiliza, para ousar colocar o futuro que se prepara sob o signo da barbárie. Não aquela que, para os atenienses, caracterizava os povos chamados de não civilizados, mas aquela que, produzida pela história da qual tivemos tanto orgulho, foi caracterizada em 1915 por Rosa Luxemburgo em um texto escrito na prisão, quando "milhões de proletários de todas as línguas caem no campo da vergonha, assassinam seus irmãos, rasgam a própria carne com um canto de escravos nos lábios".[1]

Rosa Luxemburgo, marxista, afirmou que nosso futuro tinha por horizonte uma alternativa: "socialismo ou barbárie". Quase um século mais tarde, não aprendemos grande coisa sobre o socialismo. Em compensação, já conhecemos a triste ladainha que fará as vezes de canto nos lábios daqueles que sobreviverão em um mundo de vergonha, de fratricídios e automutilação. Será: "É preciso, não temos escolha". Já ouvimos essa ladainha muitas vezes, especialmente sobre os migrantes ilegais. Ela assinala que aquilo que até então era definido como intolerável, quase impensável, está se instalando em nossos hábitos. E ainda não vimos nada. Não é à toa que a catástrofe de New Orleans foi tão marcante. O que se anuncia não é senão a possibilidade de uma New Orleans em escala planetária – energia eólica e solar para os ricos, que talvez possam até mesmo continuar utilizando seus carros graças aos biocombustíveis; quanto aos outros...

Este livro se dirige àqueles e àquelas que vivem em suspenso. Há os que sabem que seria preciso "fazer alguma coisa", mas estão paralisados pelo sentimento da desmedida entre o que podem e o que seria preciso fazer, ou são tentados a pensar que é tarde demais, que já não há nada a fazer, ou preferem acreditar que tudo vai acabar se ajeitando, mesmo se não conseguem imaginar como. Mas há também aqueles que lutam, que não se submetem às evidências da primeira história e para quem essa história, produtora de exploração, de guerras, de desigualdades sociais que crescem incessantemente, já define a barbárie. Não se trata, de modo algum, de persuadi-los de que a barbárie que se aproxima é "outra", como

1 "A crise da social-democracia (brochura de Junius)", in Isabel Loureiro (org.), *Rosa Luxemburgo: Textos escolhidos*. São Paulo: Expressão Popular, 2009, p. 93.

se o próprio furacão Katrina fosse sua antecipação e como se suas lutas já fossem, por conseguinte, "caducas". Muito pelo contrário! Se houve barbárie em New Orleans, ela aconteceu na resposta dada ao Katrina: o abandono dos pobres, enquanto os ricos encontravam abrigo. E essa resposta não se refere a essa abstração que alguns chamam de "egoísmo humano", mas àquilo contra o que eles próprios lutam, àquilo que, depois da promessa de progresso, pede que aceitemos o caráter inelutável dos sacrifícios impostos pela competição econômica mundial – o crescimento ou a morte.

Se me atrevo a escrever que também eles, entretanto, estão "em suspenso", é porque aquilo de que o Katrina pode ser o indício me parece exigir um tipo de engajamento que eles consideraram (estrategicamente) possível negligenciar. Nada mais difícil de aceitar do que a necessidade de complicar uma luta já tão incerta, a braços com um adversário capaz de se aproveitar de qualquer fraqueza, de qualquer boa vontade ingênua. Quero que percebam que seria desastroso, no entanto, recusar essa necessidade. Ao escrever este livro, eu me coloco entre aqueles e aquelas que se dizem herdeiros de uma história de lutas contra o estado de guerra perpétua que o capitalismo faz reinar. É a questão de como ser herdeiro dessa história hoje que me faz escrever.

Se estamos em suspenso, alguns já estão engajados em experimentações que buscam criar, a partir de agora, a possibilidade de um futuro que não seja bárbaro – aqueles e aquelas que optaram por desertar, por fugir dessa "guerra suja" econômica, mas que, "fugindo, procuram uma arma", como dizia Gilles Deleuze.[2] E, aqui, "procurar" quer dizer, antes de tudo,

2 Gilles Deleuze & Claire Parnet, *Dialogues*. Coleção Champs. Paris: Flammarion, 1996, p. 164 [ed. bras.: *Diálogos*, trad. de Eloisa Araújo Ribeiro. São Paulo: Editora Escuta, 1998, p. 49]. Ao procurar "fuir, arme, Deleuze" na internet, e selecionando o site La Voix de Gilles Deleuze, podemos ouvi-lo dizendo essa frase.

criar, criar uma vida "depois do crescimento econômico", uma vida que explora conexões com novas potências de agir, sentir, imaginar e pensar. Estes já escolheram modificar sua maneira de viver, efetiva mas também politicamente: eles não agem em nome de uma preocupação culpada por "sua pegada ecológica", mas experimentam o que significa trair o papel de consumidores confiantes que nos é atribuído. Ou seja, o que significa entrar em guerra contra o que atribui esse papel e aprender, concretamente, a reinventar modos de produção e de cooperação que escapem às evidências do crescimento e da competição. É a eles que dedico este livro e, mais precisamente, ao possível que eles buscam criar. Nem por isso serei sua porta-voz, descreverei por eles o que tentam fazer. Eles são perfeitamente capazes de usar sua própria voz, pois, longe de efetuar uma "volta às cavernas", como alguns os acusam, eles são especialistas em sites e em redes. Não precisam de mim, mas precisam que outros, como eu, trabalhem com seus próprios meios para produzir o sentido do que acontece conosco.

Não esperem deste livro uma resposta à pergunta "o que fazer?", ou vão se decepcionar. Trabalho com as palavras, e as palavras têm poder. Elas podem enclausurar em polêmicas doutrinárias ou visar o poder de palavras de ordem – por isso tenho medo da palavra "decrescimento" –, mas elas podem também fazer pensar, produzir formas de comunicação um tanto novas, chacoalhar alguns hábitos – por isso honro a invenção da expressão "objetores de crescimento".[3] As palavras não têm o poder de responder à questão imposta pelas ameaças globais, múltiplas e emaranhadas, do que chamei de "segunda história", aquela na

3 Stengers faz aqui um jogo de palavras com a expressão "objetores de consciência" (*conscientious objector*) que designa aqueles que se recusam a agir ou a participar de atos que consideram ferir suas convicções religiosas, políticas ou éticas, correndo o risco de desobedecer a lei. [N.E.]

qual embarcamos a contragosto. Mas elas podem, e é o que este livro tenta, contribuir para formular essa questão de um modo que nos force a pensar no que deve ser feito para que exista a possibilidade de um futuro que não seja bárbaro.

Este livro é literalmente o que se pode chamar de "ensaio". Trata-se, de fato, de ensaiar, ou experimentar, pensar com base no que é, antes de tudo, uma constatação: "a época mudou". Ou seja, dotar essa constatação do poder de nos fazer pensar, sentir, imaginar, agir. Mas um ensaio assim pode ser assustador, por essa mesma constatação poder servir de argumento para nos impedir de pensar e para nos anestesiar. Com efeito, à medida que se restringiu o espaço das escolhas efetivas que dão sentido a ideias tais como política ou democracia, aqueles que de agora em diante chamarei de "nossos responsáveis" foram encarregados de fazer a população compreender que "o mundo mudou". E que, portanto, a mudança é hoje uma obrigação ardente. Ora, para eles, mudar significa negar o que tinha dado esperança, feito lutar, criar. Significa "vamos parar de sonhar, é preciso se render aos fatos".

Por exemplo: vamos parar, eles dirão, de imaginar que medidas políticas possam dar uma resposta à fulgurante alta do preço do petróleo e dos lucros das companhias petrolíferas. Diante do declínio do poder de compra, será preciso se satisfazer com medidas que são, preferencialmente, da ordem da caridade pública: já que não tem jeito, é preciso "ajudar as famílias", baixaremos alguns impostos ou taxas. Ainda que, é claro, se deva fazer economia em outras coisas. Pois está fora de questão reconsiderar a evidência que se impôs ao longo dos últimos trinta anos: não se pode tocar nem nas "leis do mercado", nem nos lucros das indústrias. Trata-se, portanto, de aprender a se adaptar, com o triste suspiro que mata tanto a política como a democracia: "Não tem jeito, é preciso".

CAPÍTULO DOIS

Esse é o *leitmotiv* que associamos, Philippe Pignarre e eu, em *La Sorcellerie capitaliste* [A feitiçaria capitalista],[1] ao domínio capitalista tal como ele se mantém ainda hoje e mais do que nunca, e isso apesar do desaparecimento de qualquer referência crível ao progresso. Como se dirigir ao capitalismo a partir da necessidade de resistir a esse domínio era nossa primeira preocupação. Retomo aqui a questão, com uma perspectiva complementar. Se já não se trata de responder ao movimento de resistência altermundialista – ou seja, também anticapitalista –, não é, evidentemente, porque ele tenha perdido sua importância, e sim porque também ele confronta-se a partir de agora com um futuro cujas ameaças ganharam, em poucos anos, um aspecto terrivelmente concreto. Aqueles que, com os olhos brilhando, confiam no mercado, em sua capacidade de triunfar sobre o que já não podem negar mas que chamam de "desafios", perderam qualquer credibilidade, no entanto isso certamente não basta para dar ao futuro uma chance de fugir da barbárie. E a verdade inconveniente, uma vez que afeta os que lutam por "outro" mundo, é que é agora que devemos aprender a fazê-lo existir. Foi nesse aspecto que, para todos nós, a época mudou.

Ensaiar ou experimentar pensar com base nesse "fato", ou seja, naquilo que brutalmente tornou-se uma evidência comum, é evitar fazer dele um argumento ("já que a época mudou, então..."). Trata-se de fazer dele uma questão, e uma questão colocada não em termos gerais, mas aqui e agora, ou seja, num momento em que o grande tema do progresso já perdeu seu poder de persuasão. Assim, são hoje quase redundantes as demonstrações de que o capitalismo nos oferece apenas uma ilusão de liberdade, de que as esco-

1 Philippe Pignarre & Isabelle Stengers. *La Sorcellerie capitaliste. Pratiques de désenvoûtement*. Paris: La Découverte, 2005.

lhas que ele nos permite fazer são apenas escolhas forçadas. Só quem ainda "acredita no mercado" consegue continuar aderindo à fábula da liberdade concedida a cada um de nós para escolher sua vida. Trata-se, portanto, de pensar num tempo em que o papel antes crucial das ilusões e das falsas crenças perdeu sua importância, sem que por isso, e muito pelo contrário, o poder das "escolhas forçadas" que nos são propostas tenha sido prejudicado.

Do mesmo modo, há cinquenta anos, na época em que as grandes perspectivas da inovação técnico-científica eram sinônimo de progresso, teria sido quase inconcebível não se voltar com confiança para os cientistas e para os técnicos, não esperar deles uma solução para problemas concernentes a esse desenvolvimento do qual se orgulham tanto de ter sido o motor. Mas aqui também – mesmo sendo menos evidente – a confiança foi profundamente abalada. Não se pode dar como certo que as ciências, ao menos como as conhecemos, tenham capacidade para responder às ameaças do futuro; em compensação, em relação à chamada "economia do conhecimento",[2] é relativamente certo que as respostas que os cientistas hão de propor não nos permitirão evitar a barbárie.

Quanto aos Estados, sabe-se que, num grande impulso de resignação entusiasta, eles renunciaram aos meios que lhes teria permitido assumir suas responsabilidades e deixaram o futuro do planeta a cargo do livre mercado globalizado. Ainda que, e é o que está na ordem

2 Retomarei esta questão, mas aqui assinalo apenas que o que parece ser uma palavra de ordem vazia para ser utilizada em grandes relatórios sobre os desafios da época ("nossa economia é, a partir de agora, uma economia do conhecimento...") designa, na verdade, uma forte reorientação das políticas de pesquisa pública, que fazem, especialmente, da parceria com a indústria uma condição crucial dos financiamentos de pesquisa. E isso significa dar à indústria o poder de dirigir diretamente a pesquisa e ditar seus critérios de êxito (o registro de patentes, notadamente).

do dia, "haja regulamentação" para evitar os "excessos". Por isso eu os chamo de "nossos responsáveis". Eles não são responsáveis pelo futuro; pedir satisfação a eles quanto a isso seria honrá-los além da conta. É por nós que são responsáveis, por nossa aceitação da dura realidade, por nossa motivação, por nossa compreensão de que seria inútil nos metermos em questões que nos afetam.

Se a época mudou, podemos então começar afirmando que estamos totalmente mal preparados para produzir o tipo de resposta que sentimos que a nova situação pede. Mas não se trata de uma constatação de impotência, e sim, antes, de um ponto de partida. Se não há muito o que esperar de nossos responsáveis, talvez seja mais interessante o que nossos responsáveis estão encarregados de prevenir e que eles temem, eles, que nos entretêm com as virtudes da (boa) governança. Eles temem o momento em que poderiam perder o leme, em que serão obstinadamente interrogados sobre questões que não podem responder, em que perceberão que as velhas ladainhas já não funcionam, que serão julgados por suas respostas, que aquilo que pensavam ser estável lhes escape.

Nossos responsáveis são bastante previsíveis. Se, por acaso, um deles leu as linhas precedentes e percebeu em que direção estou indo, ele já deu de ombros: ele, sim, sabe do que "as pessoas" são capazes ou não. Sabe que o momento que evoco, em que se perderia o leme, produzirá apenas um egoísmo desenfreado, uma demagogia triunfante. Eu não passo de uma elitista irresponsável, que pretende ignorar as duras realidades sociológicas.

Não sei o que se pode entender aqui por "dura". Só sei que, lá onde comecei a aprender a pensar – com os cientistas experimentais –, ninguém ousaria falar nesses termos antes de o enunciado correspondente, "é assim e não de outra maneira", ter sido submetido a muitas provas. Onde estão as provas nesse caso? Onde estão as proposições ativas que tornam possível e desejável que se faça de modo diferente, ou seja, em primeiro lugar, juntos, uns pelos outros, mas sobretudo uns com os outros? Onde estão as escolhas concretas e negociadas coletivamente? Onde estão as narrativas que povoam as imaginações, compartilhando êxitos e aprendizados? Onde estão, na escola, os modos de trabalho em grupo que despertariam o gosto por cooperações exigentes e a experiência da força de um coletivo que trabalha para que sejamos "todos juntos" bem-sucedidos, contra a avaliação que separa e julga?

É preciso se lembrar de tudo isso, ou seja, da maneira como somos formados, ativados, capturados, esvaziados, não para nos lamentarmos, mas para evitar o suspiro impotente que concluiria que "não podemos fazer nada, somos todos culpados de passividade" – ou seja, também, "é preciso aguardar as medidas que são decididas em outro lugar, que em tempo hábil, esperemos, nos forçarão a sofrer as mudanças necessárias". A sensação de impotência ameaça a todos nós, mas ela é mantida por aqueles que se apresentam em nome da "dura realidade" e nos perguntam: "O que vocês fariam em nosso lugar?".

Chamar aqueles que nos governam de "nossos responsáveis" é afirmar que não estamos no lugar deles e que isso não é um acaso. É também impedir que eles e seus aliados andem por aí repetindo impunemente que aquilo que chamei de primeira história – a de uma competição generalizada, de uma guerra de todos contra todos em que cada um, indivíduo, empresa, nação, região do mundo, deve aceitar os sacrifícios necessários para ter direito de sobreviver, em detrimento de seus concorrentes –, que essa primeira história obedece unicamente ao sistema que já provou seu valor. De todas as pretensões à comprovação que pudemos encontrar, essa é a mais obscena e a mais débil. Entretanto, é ela que retorna, sempre, como um ritornelo, e nos pede que finjamos acreditar que as coisas vão acabar se ajeitando, que, no lugar de nossos responsáveis, nós faríamos como eles, e que nossa tarefa se restringe a isolar nossas casas, a trocar as lâmpadas, mas também a continuar comprando carros, pois é preciso sustentar o crescimento. Não há o que discutir, o que argumentar – seria honrar demais essa pretensão, e tal honra a alimenta. É preferível retomar as virtudes do riso, da grosseria, da sátira.

Aqueles que chamo de "nossos responsáveis" protestarão, dizendo que recusar se colocar no lugar deles, recusar argumentar, recusar conversar educadamente sobre as virtudes do mercado e seus limites bem eventuais é recusar o debate, ou seja, a comunicação racional, ou seja, a democracia, enfim! Pior ainda, é se arriscar a provocar o pânico, origem da irracionalidade, abrindo caminho para todas as demagogias. Será que o papel primordial deles, nos tempos difíceis que se anunciam, não é manter a confiança para evitar esse pânico? Foi em nome dessa tarefa sagrada que alguns, no passado, pararam as partículas radioativas oriundas de Chernobyl nas fronteiras da França. Mas, desde então, esse tipo de gesto heroico se multiplicou, à medida que o imperativo incontornável de ter que continuar como se nada tivesse acontecido se impunha, tendo como única perspectiva pedir à população que tenha confiança e aguente firme.

Em outros termos, nossos responsáveis são responsáveis pela gestão do que se poderia chamar de *pânico frio*, cujo sinal é o fato de aceitarem-se mensagens abertamente contraditórias: "Consumam, o crescimento depende disso", mas

"Pensem em sua pegada ecológica"; "Saibam que nosso modo de vida vai ter que mudar", mas "Não se esqueçam que estamos engajados em uma competição, e nossa prosperidade depende dela". E nossos responsáveis também compartilham esse pânico. De algum modo, eles esperam que um milagre possa nos salvar – o que significa também que só um milagre poderia nos salvar. Talvez um milagre proveniente da técnica, que nos pouparia da prova, ou o milagre de uma conversão maciça, depois de alguma grande catástrofe. Enquanto isso, eles dão sua benção às exortações que visam provocar a culpa e propor a todos que pensem no que podem fazer em sua pequena escala – com a condição, é claro, de que apenas uma minoria abandone seus carros e de que não nos tornemos todos vegetarianos, pois o contrário seria um golpe baixo no crescimento.

Eu não chegaria a ter pena de nossos responsáveis, mas estou convencida de que, se conseguíssemos nos dirigir a eles com o tom da piedade, e não o da denúncia – como se eles fossem efetivamente "responsáveis" pela situação –, isso poderia ter certa eficácia. É, em todo caso, uma aposta deste ensaio. E a palavra "ensaio" tem aqui um sentido amplo. Trata-se decerto de *ensaiar*, ou experimentar, no sentido pragmático do termo, no sentido em que ensaio define o que seria seu êxito. No caso presente, se, ao falar de "nossos responsáveis", eu me permiti confundir o que, no seio de uma democracia, deveria ser distinguido – os funcionários públicos e os políticos –, não foi para defender uma tese de grande envergadura conceitual sobre a definição das relações entre Estado e democracia política, mas para evidenciar uma situação de confusão de linguagem caracterizada e instituída sob o nome de governança. E o êxito dessa operação de caracterização não será nada além daquilo que um responsável mais detestará – que nos recusemos a nos colocar em seu lugar, mas que tenhamos pena dele por estar ali.

Que ninguém se engane, quando, algumas páginas mais adiante, eu falar do capitalismo e do Estado; também não se tratará de definições que pretendam, melhor do que aquelas que as precederam, desvendar a verdadeira natureza desses protagonistas. Não faço parte dos que procuram uma posição que permita revelar uma permanência "verdadeira" por trás do que se pensa comumente nos termos de "os tempos mudaram". Tento, isto sim, contribuir para a questão que se abre quando tal mudança torna-se perceptível: "A que ela obriga?". Não farei uma demonstração sobre isso, nem darei alguma garantia, sejam elas fundadas sobre a história ou sobre os conceitos. Tentarei pensar no corpo a corpo com a questão, sem dar ao presente, onde as respostas correm o risco de perder sua pertinência, o poder de julgar o passado. Mas também sem atribuir às respostas dadas a outras questões no passado o poder de alguma autoridade.

E, portanto, esta primeira proposição "em ensaio" – nos dirigirmos a nossos responsáveis com o tom da piedade – não significa a verdade enfim desvelada dos poderes públicos. Trata-se de tentar *caracterizá-los* de um modo que leve em conta que podemos ter chegado a esse ponto, e sem fazer disso um destino, como se a verdade do passado fosse a de nos trazer até aqui, nem um escândalo, como se eles tivessem traído seu mandato (a própria ideia de tal mandato supõe ainda a evidência do progresso), e tampouco um acidente de percurso, como se tal percurso pudesse ser definido sem referência ao progresso.

Na diferença entre desvelar e caracterizar se localiza minha abordagem da situação que "nos" coloca hoje em suspenso. Desvelar seria ambicionar passar da perplexidade ao saber que julga, para além das aparências. Em compensação, caracterizar, ou seja, colocar a questão dos "caracteres", é considerar essa situação de modo pragmático: ao mesmo tempo, com base no que podemos imaginar saber, e sem dar a esse saber o poder de uma definição. É o que pode fazer um autor de ficção quando se pergunta o que os protagonistas de sua narrativa são capazes de fazer na situação que ele criou. Caracterizar é, partindo do presente que coloca a questão, remontar ao passado, e isso não para deduzir esse presente do passado, mas para dar espessura ao presente: para interrogar os protagonistas de uma situação do ponto de vista daquilo de que eles podem se tornar capazes, da maneira pela qual eles são capazes de responder a essa situação. O "nós" que este ensaio faz intervir é aquele que, hoje, coloca questões desse tipo, que sabe que a situação é crítica, mas não sabe a que protagonista se devotar.

CAPÍTULO TRÊS

Dirigir-se com o tom da piedade àqueles que, hoje, podem ser caracterizados como "nossos responsáveis", não significa uma simpatia qualquer, longe disso. É, antes, uma questão de tomar distância, de recusar compartilhar seu modo de percepção e sermos invocados como testemunhas de suas boas intenções. Não há que se esperar grande coisa por parte deles, no sentido em que não há que se entregar aos tormentos da decepção e da indignação. E não há, tampouco, e talvez isso seja o mais difícil, que se engajar em uma oposição frontal, incitada pela evidência de uma situação conflitante e inteligível a partir deste conflito. Não que o conflito seja inútil ou "ultrapassado", é sua ligação com a produção de inteligibilidade que está em questão, que ameaça dar respostas antes de ter aprendido a formular questões, propor certezas antes de ter feito a experiência da perplexidade.

Quero mostrar aqui minha gratidão por aquilo que me permitiu, com outros, entre outros, viver uma experiência de aprendizado crucial para mim, e sem a qual este ensaio não teria sido escrito. Falarei aqui de "acontecimento OGM" [Organismos Geneticamente Modificados], pois, para mim, como para muitos outros, o que aconteceu na Europa com a resistência aos OGM marca um antes e um depois. Não porque tenha havido vitória. Não é o caso: os organismos geneticamente modificados e patenteados certamente invadiram as Américas e a Ásia, e, mesmo sendo associados com menos frequência à sua pretensão inicial – responder ao desafio da fome no mundo –, eles encontraram, com a produção de biocombustíveis, uma incrível promessa de alternativa. O que constitui um acontecimento, o que faz com que o movimento europeu de resistência aos

OGM possa nos fazer perceber a possibilidade não de sofrer, mas de agir nesta nossa época, em suspenso entre duas histórias, é a defasagem criada entre a posição daqueles que produziam saberes cada vez mais concretos, cada vez mais significativos, e a dos responsáveis pela ordem pública, incapazes de "reconciliar" a opinião com o que, para eles, era apenas um novo modo de produção agrícola, ilustrativa da fecundidade das relações entre ciência e inovação.

Até mesmo o establishment científico, em geral sempre pronto a reivindicar os benefícios de uma inovação industrial e a jogar a responsabilidade de seus danos nos outros, foi abalado. Momento terrível para a Ciência francesa, por exemplo, aquele 12 de fevereiro de 1997, em que Alain Juppé, primeiro-ministro, desqualificou a Comissão de Engenharia Biomolecular, recusando, apesar de seu parecer, a autorização de colocação no mercado de três variedades de milho geneticamente modificadas. A comissão tinha a consciência tranquila. No que diz respeito à colza, ela certamente se ateve ao perigo "intrínseco" da planta produzida por modificação genética, mas aos poucos ela começava a admitir que um fluxo gênico que induzia a resistência aos agrotóxicos seria produzido e poderia causar problema. Proibir era algo inimaginável para a comissão, mas ela considerava a eventual criação de um dispositivo de biovigilância (o que significava claramente que o desenvolvimento comercial seria também uma etapa experimental, destinada a "compreender melhor o risco"). Mas o milho não causava esses problemas, pois não tem plantas da mesma família na Europa! O governo francês tinha, portanto, cometido algo imperdoável, traído a Ciência, cedido aos medos irracionais, tomado posição em um assunto que não era de sua competência, mas da competência dos especialistas.

De fato, os políticos haviam compreendido que a situação lhes escapava: os cientistas estavam declaradamente divididos, a pesquisa pública era gravemente questionada, as ações militantes tinham começado e, depois da crise da "vaca louca", a confiança na expertise científica havia despencado. Mas os políticos não tinham previsto que, mais de dez anos depois, eles ainda não teriam conseguido acalmar os ânimos. Para seu grande desespero, e no momento em que sofrem enormes pressões por parte da OMC, dos Estados Unidos, das indústrias e de seus lobbies, até mesmo científicos, os governos nacionais europeus e a Comissão Europeia até agora não conseguiram normalizar a situação. O que devia acontecer sem estardalhaço e sem fricção decididamente não está acontecendo.

Pior ainda, e para mim é aí que se situa o acontecimento, os argumentos com os quais nossos responsáveis contavam suscitaram não apenas respostas, mas sobretudo novas conexões, produtoras de uma verdadeira dinâmica de aprendizado, entre grupos até então distintos.

É importante poder dizer "aprendi", com os outros e graças aos outros. Assim, a origem de meu engajamento pessoal foi, antes de tudo, a arrogância ignorante com a qual cientistas anunciavam uma resposta "enfim científica" para a questão da fome no mundo. Eu também tinha a convicção, fundada no precedente da energia nuclear, de que somente o questionamento público de uma tecnologia desse tipo podia produzir um saber um pouco confiável sobre ela – mais confiável, em todo caso, que o de especialistas que estão, no mais das vezes, a serviço da "factibilidade" de uma inovação que, para eles, faz parte do inelutável ("O progresso não pode parar!"). Nesse caso, eu era muito ingênua, pois ignorava que aquilo sobre o que esses especialistas trabalhavam não passava do dossiê preparado pela indústria, dossiê bem superficial, aliás, devido a artimanhas que confirmam as conivências entre consórcios industriais e administração norte-americana – soubemos disso desde então. E eu também ignorava que a maioria dos pedidos de informação complementar iria entrar em choque com o "segredo industrial".

Outra ingenuidade: os famosos campos experimentais, cuja destruição foi denunciada como irracional, recusa de que a "ciência" estude as consequências de uma cultura de OGM em meio aberto, não tinham de modo algum, em sua maioria esmagadora, esse objetivo. Tratava-se de experimentos agronômicos exigidos para a homologação e, portanto, a comercialização das sementes. Descoberta também de que, para os biólogos, era evidente que os "inseticidas OGM" facilitariam enormemente o aparecimento de insetos resistentes, de que a Monsanto organizava uma verdadeira milícia privada e encorajava a delação daqueles que podiam ser suspeitos de cultivar sem pagar as sementes de que ela era proprietária etc.

Mas as repercussões do acontecimento ultrapassaram o caso dos OGM e suscitaram a pergunta do que se tornara a agricultura nas mãos das indústrias de sementes, da dependência das linhagens que elas selecionavam em relação a fertilizantes e herbicidas caros e poluentes, resultando em uma dupla erradicação – das sementes tradicionais, na maioria das vezes mais robustas, e dos pequenos agricultores. E suscitaram também uma verdadeira "lição de coisas",[1] que incidia sobre o que hoje é anunciado com a "economia do conhecimento", no caso, o comando

1 "Leçon de choses", método pedagógico aplicado na França no século XIX, pelo qual as crianças aprendem a partir da observação direta e do pensamento intuitivo. [N.E.]

direto de setores inteiros da pesquisa pública pelo setor privado. Não apenas o interesse primordial dos OGM não passa, afinal, de uma apropriação da agricultura, através do registro de patente, como é a própria pesquisa, em biotecnologia e em outros campos, que está doravante determinada pelas patentes, e não apenas pela eventualidade de um registro de patente, mas também pelas patentes existentes que afastam qualquer interesse econômico das linhas de pesquisa cada vez mais numerosas. Será que podemos ficar surpresos quando uma lei do silêncio, severa e feroz, pesa sobre os pesquisadores, obrigados a manter, contra o que eles conhecem bem, o slogan "a ciência a serviço de todos"?

Se o caso dos OGM constituiu um acontecimento, isso se deve ao fato de ter havido um aprendizado efetivo, que provocou questões que fizeram os responsáveis, da ciência e do Estado, titubear, que fizeram às vezes com que até mesmo os políticos refletissem, como se um mundo de problemas que eles não se colocavam se tornasse perceptível para eles. É próprio a qualquer acontecimento fazer com que o futuro que será seu herdeiro se comunique com um passado contado de modo diferente. No ponto de partida, os promotores dos OGM, depois de terem anunciado a incrível novidade de sua criação, protestaram que os OGM se inscreviam na continuidade das práticas da agronomia em matéria de seleção das sementes. Hoje essa própria continuidade é objeto de narrativas novas ou até reputadas como "reacionárias", narrativas que a partir de agora conversam entre si e abrem o acontecimento para outras conexões, notadamente com aqueles e aquelas que aprendem a retomar práticas de produção que a "modernização" havia condenado (movimento *slow food*, permacultura, redes de reabilitação e de troca de sementes tradicionais etc.).

Claro, o grito de nossos responsáveis foi: "aumento da irracionalidade", "medo da mudança", "ignorância e superstição". Mas esse grito e a nobre tarefa dele resultante de "reconciliar o público com 'sua' ciência" tiveram pouco efeito. Aliás, a questão do "público" entrou, por si só, em crise. O que "as pessoas" pensam? Como "percebem" uma situação? A essa pergunta as "pesquisas de opinião" tradicionalmente respondiam: nós nos dirigimos a pessoas "que pertencem a uma amostra representativa" e as interrogamos, sem prévia preparação, sobre questões que não lhes interessam necessariamente. Foi no momento do caso dos OGM que os "júris cidadãos" demonstraram sua capacidade – se, e somente se, o dispositivo que os reúne de fato permitir – de fazer boas perguntas, que fizeram os especialistas gaguejar. Do mesmo modo, sociólogos reuniram os participantes de uma pesquisa sobre "as percepções do público" em condições tais que estes se sentiram respeitados como seres pensantes. E as questões e objeções que eles produziram coletivamente foram ao mesmo tempo pertinentes e muito constrangedoras para os nossos responsáveis. Assim, além da questão de saber quem se beneficiava dessa inovação cujos riscos nos pedem que aceitemos, eles colocaram a questão do acompanhamento desses riscos, dessa famosa "biovigilância" que nos prometem: com que recursos? Quantos pesquisadores? Quem financiará? Durante quanto tempo? O que acontecerá se não der certo? etc.

De fato, as demandas aparentemente bem "razoáveis" desses cidadãos esboçam um cenário que não tem muito a ver com aquele que a "economia da inovação" exige, economia da qual, é o que parece, depende nosso futuro. Elas significariam, para um industrial, ter que lançar uma inovação em um meio ativamente preocupado com as consequências, apto a detectá-las, a colocar condições – por exemplo, começar pequeno e ir devagar para poder voltar atrás –, a exigir que o promotor da inovação financie seu acompanhamento, mas não o controle, a impor que todas as consequências sejam plenamente explicitadas, que nenhuma palavra de ordem, nenhuma promessa seja aceita sem questionamentos. Simples contraste: hoje, na verdade, a Monsanto se beneficia diretamente com a proliferação de "superervas daninhas" (*superweeds*), que se tornaram resistentes a seu herbicida Roundup, ou seja, que exigem doses dez ou vinte vezes maiores desse produto, que não tem, aliás, de modo algum, a inocuidade anunciada. Em primeiro lugar, mentir, em seguida, afirmar que é tarde demais, e encobrir tudo com uma moral inelutável, "o progresso não pode parar", eis o que pede a liberdade de inovar.

Hoje, as "conferências de cidadãos" tornaram-se um símbolo oficialmente encorajado de participação do público na inovação, mas o que foi encorajado foi também domesticado. A maioria dessas conferências é organizada de tal modo que os participantes sejam levados a dar opiniões "construtivas", aceitando os limites da questão colocada, colaborando no mesmo patamar que os especialistas para a produção do rótulo "aceitável": um novo tipo de selo de qualidade para as inovações. A domesticação foi ainda mais fácil pelo fato de os dispositivos que induzem à submissão e à boa vontade – pensar no que lhe dizem para pensar – serem mais facilmente introduzidos do que aqueles que induzem a uma capacidade de colocar questões incômodas. Entretanto, o fato de saber que "as pessoas" podem se tornar capazes de colocar tais questões faz parte do acontecimento OGM. Mais do que se lamentar por este outro fato – que isso já esteja "recuperado" –, cabe à luta política inventar a maneira de fazer com que seja levado em conta o que foi assim aprendido.

O acontecimento OGM não terminou. Estão agora em cena todos aqueles cuja ativação constituiu este acontecimento, que povoaram um espaço onde não eram esperados, em que a distribuição e o teor dos papéis eram regulados de um modo que pressupunha sua ausência. Será que, sem eles, os biocombustíveis, apresentados como a solução milagrosa tanto para o aquecimento atmosférico como para o aumento do preço dos combustíveis, teriam sido tão rapidamente desconsiderados? Pobre Comissão Europeia que já havia encorajado essa "solução", para a grande satisfação dos agroindustriais!

Mas não devemos ir rápido demais. Claro, o acontecimento OGM é um caso exemplar do que pode fazer, hoje, a politização daquilo que supostamente transcendia a política: o progresso proveniente do irresistível avanço das ciências e das técnicas. Mas ele só responde parcialmente à questão do futuro. Efetivamente, ao contrário do que aconteceu com os OGM, não se trata apenas de recusar. As responsabilidades quanto aos danos e ameaças que se acumulam são bastante evidentes. Elas não remetem em primeiro lugar àqueles que chamei de "nossos responsáveis", mas ao que definiu a Terra como recurso explorável de forma ilimitada. Entretanto, não estamos diante de um tribunal de justiça, onde aquele que está convencido de sua responsabilidade é também aquele que deve "responder" pelo que fez, aquele de quem se exigirá reparação. Podíamos dizer "não" aos OGM, mas não podemos, de modo algum, deixar aos responsáveis pelos desastres que se anunciam o encargo de responder a eles. Cabe a nós criar uma maneira de responder, por nós, mas também pelas inúmeras espécies vivas que levamos conosco para a catástrofe. E isso, ao passo que esse "nós" só existe virtualmente, convocado por essa resposta a ser dada.

Para marcar o caráter inédito dessa situação, da forma como ela confunde nossas perspectivas, decidi dar um nome para o que está acontecendo e que, ao contrário dos OGM, não foi nem desejado, nem preparado por ninguém. Aquilo para o que temos que criar uma resposta é a intrusão de Gaia.

Nomear Gaia e caracterizar como intrusão os desastres que se anunciam, é crucial salientar, depende de uma operação pragmática. *Nomear não é dizer a verdade, e sim atribuir àquilo que se nomeia o poder de nos fazer sentir e pensar no que o nome suscita.* No caso presente, trata-se de resistir à tentação de reduzir a um simples "problema" o que constitui acontecimento, o que nos atormenta. Mas também de fazer existir a diferença entre a questão imposta e a resposta a ser criada. Nomear Gaia como "a que faz intrusão" é também caracterizá-la como cega aos danos que provoca, à maneira de tudo o que é intrusivo. Por isso a resposta a ser criada não é uma "resposta à Gaia", e sim uma resposta tanto ao que provocou sua intrusão quanto às consequências dessa intrusão.

Gaia não é, neste ensaio, portanto, nem a Terra "concreta", nem tampouco aquela que é nomeada e invocada quando se trata de afirmar e fazer sentir nossa conexão com esta Terra, de suscitar um sentido de pertencimento lá onde predominou a separação e de extrair desse pertencimento recursos de vida, de luta e de pensamento.[1] Trata-se de pensar aqui a *intrusão, e não o pertencimento*.

Entretanto, pode-se objetar, por que então recorrer a um nome que pode se prestar a mal-entendidos? Por que, um amigo me propôs, não nomear isso que faz intrusão de Urano ou Cronos, os terríveis filhos da Gaia mitológica? A objeção deve ser entendida: se nomear é operar, e não definir – ou seja, se apropriar –, o nome não poderia ser arbitrário. No caso presente, sei que a escolha deste nome, Gaia, é um risco, mas aceito o risco, pois para mim se trata também de fazer sentir e pensar aqueles e aquelas que poderiam ficar escandalizados com a ideia de

1 Em *La Sorcellerie capitaliste*, Philippe Pignarre e eu afirmamos o sentido político desses rituais.

uma Gaia cega e indiferente. Quero conservar a memória de que este nome, Gaia, estava vinculado em primeiro lugar, no século XX, a uma proposição de origem científica. Ou seja, quero transmitir a necessidade de resistir à tentação de uma oposição brutal entre as ciências e os saberes chamados de "não científicos", cuja articulação será necessária se tivermos de aprender como responder ao que já começou.

De fato, o que chamo de Gaia foi assim batizado por James Lovelock e Lynn Margulis no início dos anos 1970. Eles incorporavam pesquisas que contribuem para esclarecer o denso conjunto de relações, articulando o que as disciplinas científicas tinham o hábito de tratar separadamente: os seres vivos, os oceanos, a atmosfera, o clima, os solos mais ou menos férteis. Dar um nome, Gaia, a esse agenciamento de relações, era insistir sobre duas consequências dessas pesquisas. Aquilo de que dependemos e que foi com frequência definido como "dado", o enquadramento globalmente estável de nossas histórias e de nossos cálculos, é produto de uma história de coevolução, cujos primeiros artesãos e verdadeiros autores permanentes foram as inúmeras populações de micro-organismos. E Gaia, "planeta vivo", deve ser reconhecida como um "ser", e não assimilada a uma soma de processos, no mesmo sentido em que reconhecemos que um rato, por exemplo, é um ser: ela é dotada não apenas de uma história, mas também de um regime de atividades próprio, oriundo das múltiplas e emaranhadas maneiras pelas quais os processos que a constituem são articulados uns aos outros, a variação de um tendo múltiplas repercussões que afetam os outros. Interrogar Gaia é, então, interrogar algo coeso, e as questões dirigidas a um processo particular podem pôr em jogo uma resposta, às vezes inesperada, do conjunto.

Talvez Lovelock tenha ido longe demais ao afirmar que essa articulação assegurava o tipo de estabilidade que se atribui a um organismo vivo saudável, as repercussões entre processos tendo então, como efeito, diminuir as consequências de uma variação. Gaia parecia assim ser uma boa mãe, provedora, cuja saúde devia ser protegida. Hoje nossa compreensão da maneira pela qual Gaia "se mantém coesa" é bem menos tranquilizadora. A questão colocada pelo aumento da concentração dos gases chamados "de efeito estufa" na atmosfera suscita um conjunto de respostas em cascata que os cientistas estão começando a identificar.

Gaia é agora, mais do que nunca, a bem nomeada, pois se no passado foi honrada, foi por ser temida, aquela a quem os camponeses se dirigiam pois sabiam que os homens dependem de algo maior do que eles, de algo que os tolere, mas de cuja tolerância não se deve abusar. Ela era anterior ao culto do amor materno que tudo perdoa. Uma mãe, talvez, mas irascível, que não se deve ofender. E ela é anterior à época em que os gregos conferem a seus deuses o sentido do justo e do injusto, anterior à época em que eles lhes atribuem um interesse particular por seus próprios destinos. Tratava-se, antes, de *ter cuidado* para não ofendê-los, para não abusar de sua tolerância.

Imprudentemente, uma margem de tolerância foi de fato ultrapassada, é o que os modelos dizem cada vez com mais precisão, é o que os satélites observam e é o que os Inuit sabem. E a resposta de Gaia seria possivelmente desmesurada em relação ao que nós fizemos, um pouco como um dar de ombros provocado pelo leve toque de um mosquito. Gaia é suscetível, e por isso deve ser nomeada como um ser. Já não estamos lidando com uma natureza selvagem e ameaçadora, nem com uma natureza frágil, que deve ser protegida, nem com uma natureza que pode ser explorada à vontade. A hipótese é nova. Gaia, a que faz intrusão, *não nos pede nada*, sequer uma resposta para a questão que impõe. Ofendida,[2] Gaia é indiferente à pergunta "quem é responsável?" e não age como justiceira – parece que as primeiras regiões da Terra a serem atingidas serão as mais pobres do planeta, sem falar de todos esses viventes que não têm nada a ver com a questão. O que não justifica, de modo algum, uma indiferença qualquer em relação às ameaças que pesam sobre os viventes que habitam conosco essa Terra. Simplesmente, não é da conta de Gaia.

O fato de Gaia não nos pedir nada traduz a especificidade do que está ocorrendo, daquilo em que precisamos pensar, o acontecimento de uma intrusão unilateral, que pergunta sem interesse pela resposta. Pois a própria Gaia não está ameaçada, diferentemente das inúmeras espécies vivas que serão varridas pela anunciada mudança de seu meio, com uma rapidez sem precedente. Os inúmeros micro-organismos continuarão, com efeito, a participar de seu regime de existência, o de um "planeta vivo". E é precisamente pelo fato de não estar ameaçada que ela faz com que as versões épicas da história humana pareçam caducas, quando o Homem, em pé sobre as duas patas e aprendendo a decifrar as "leis da natureza", compreendeu que era mestre de seu destino, livre de qualquer

2 Ofendida, mas não vingativa, pois evocar uma Gaia vingativa é atribuir-lhe não apenas uma memória, mas também uma interpretação do que acontece em termos de intencionalidade e de responsabilidade. Pelo mesmo motivo, falar, como James Lovelock hoje, da "desforra" de Gaia é mobilizar um tipo de psicologia que não parece pertinente: vai-se à desforra contra alguém quando a questão da ofensa é da ordem da constatação. Dirão, por exemplo: "Parece que esse gesto a ofendeu, eu me pergunto por quê". Correlativamente, não se luta contra Gaia. Até mesmo falar de uma luta contra o aquecimento global é inapropriado – se é importante lutar, a luta é contra o que provocou Gaia, não contra sua resposta.

transcendência. Gaia é o nome de uma forma inédita, ou então esquecida, de transcendência: uma transcendência desprovida das altas qualidades que permitiriam invocá-la como árbitro, garantia ou recurso; um suscetível agenciamento de forças indiferentes aos nossos pensamentos e aos nossos projetos.

A intrusão do tipo de transcendência que nomeio Gaia instaura, no seio de nossas vidas, um desconhecido maior, *e que veio para ficar*. E, aliás, talvez seja isto o mais difícil de conceber: não existe um futuro previsível em que ela nos restituirá a liberdade de ignorá-la; não se trata de "um momento ruim que vai passar", seguido de uma forma qualquer de *happy end* no sentido pobre de "problema resolvido". Não seremos mais autorizados a esquecê-la. Teremos que responder incessantemente pelo que fazemos diante de um ser implacável, surdo às nossas justificativas. Um ser que não tem porta-voz, ou, antes, cujos porta-vozes estão expostos a um devir monstruoso. Conhecemos a velha ladainha do "somos numerosos demais, é esse o problema", que vem em geral de especialistas bem alimentados, *habitués* dos aviões, e cuja morte prematura permitiria, com certeza, uma economia energética invejável. Mas, se ouvirmos Lovelock, hoje profeta do desastre, para acalmar Gaia e viver razoavelmente bem em harmonia com ela, seria preciso reduzir a população humana para uns 500 milhões de pessoas. Os cálculos ditos racionais, que chegam a concluir que a única solução é a erradicação da grande maioria dos homens daqui até o fim do século, não conseguem disfarçar o delírio de uma abstração assassina e obscena. Gaia não pede uma erradicação dessas. Ela não pede nada.

Nomear "Gaia" – ou seja, associar um agenciamento de processos materiais que não pede nem para ser protegido nem para ser amado, e não se comove com a manifestação pública de nosso remorso, à intrusão em nossa história de uma forma de transcendência – não deveria desagradar especialmente a maioria dos cientistas. Eles próprios estão acostumados a dar nome a algo que lhes faz pensar e imaginar – o que é o próprio sentido da transcendência que associo à Gaia. Os únicos que certamente vão vociferar contra a irracionalidade são aqueles que se colocam na posição de "guardiões da razão e do progresso". Esses denunciarão uma regressão assustadora que nos faria esquecer a "herança das Luzes", a grande narrativa da emancipação humana que se desvencilha do jugo das transcendências. Seu papel já foi designado. Depois de terem contribuído para o ceticismo diante dos modelos climáticos (pensemos em Claude Allègre), eles vão usar toda a sua energia para lembrar à opinião pública sempre crédula que ela tem de seguir em frente e acreditar no destino do Homem e em sua capacidade de triunfar sobre todos os "desafios". O que implica, de modo bem concreto, o dever de acreditar na ciência, esse cérebro da Humanidade, e na técnica, a serviço do progresso. Provocar suas vociferações não me diverte nem me assusta.

A operação de dar um nome não é, portanto, de modo algum anticientífica. Em compensação, ela pode fazer com que os cientistas pensem, pode impedi-los de se apropriar da questão imposta pela intrusão de Gaia. Os climatologistas, glaciologistas, químicos e outros fizeram seu trabalho e conseguiram também fazer soar o alarme apesar de todas as tentativas de sufocamento, conseguiram impor "uma verdade inconveniente" apesar das acusações de que foram objeto: de ter misturado ciência e política, ou então de ter inveja do sucesso de seus colegas cujos trabalhos contribuem para mudar o mundo enquanto eles se limitam a descrevê-lo, ou ainda de apresentar como "provado" o que é apenas hipotético. Eles souberam resistir, pois sabiam que o tempo contava e que não eram eles, mas aquilo sobre o que eles se debruçavam que de fato misturava questões científicas e questões políticas – e, notadamente, a questão do que estava substituindo a política, a nova ordem econômica prestes a impor seus imperativos ao planeta inteiro. Nomear Gaia é ajudá-los a resistir a uma nova ameaça que desta vez realmente fabricaria a pior das confusões entre ciência e política: deixar que se pergunte aos cientistas como responder, que se confie neles para definir o que convém fazer.

É o que, aliás, está acontecendo, mas com outros tipos de "cientistas". A partir de hoje são os economistas que estão empenhados, e de um modo que garante que, como muitos efeitos "não desejados", a questão climática será considerada sob o ângulo das estratégias "plausíveis", ou seja, suscetíveis de fazerem dela uma nova fonte de lucro. Ainda que se resigne, em nome das leis da economia – que são duras, mas, dirão eles, são leis –, com uma New Orleans planetária. Ainda que as zonas do planeta definidas como rentáveis devam, em qualquer escala, do bairro ao continente, se defender por todos os meios necessários contra a massa daqueles que serão excluídos, sem dúvida, com o famoso "não podemos acolher toda a miséria do mundo". Ainda que, em suma, a sucessão dos "não tem jeito, é preciso" instale, plena e abertamente, a barbárie que já está penetrando em nossos mundos.

Os economistas e outros candidatos à produção de respostas globais fundadas na "ciência" só existem para mim como poder de prejudicar. A autoridade deles só existe na medida em que o mundo, nosso mundo, permaneça como está – ou seja, fadado à barbárie. Suas "leis" supõem, antes de tudo, que "nós" fiquemos em nosso lugar, desempenhemos os papéis que nos são atribuídos, tenhamos o egoísmo cego e a incapacidade congênita de pensar e de cooperar, o que faz da guerra econômica generalizada o único horizonte concebível. Seria, portanto, perfeitamente inútil "nomear Gaia" se se tratasse apenas de combatê-los. Mas trata-se de combater o que lhes dá autoridade. Aquilo contra o que se ergueu o grito: "Outro mundo é possível!".

Esse grito não perdeu nada, realmente nada, de sua atualidade. Pois aquilo contra o que ele se ergueu, o capitalismo – o de Marx, claro, não o dos economistas americanos –, já está empenhado em elaborar suas próprias respostas à questão que se impõe a nós, respostas que nos levam direto para a barbárie. Assim, a luta ganha uma urgência inédita, mas aqueles e aquelas que estão engajados nessa luta devem também enfrentar uma prova realmente desnecessária, de que se pode ser tentado a abstrair em nome da própria urgência. Nomear Gaia *é nomear a necessidade de resistir a essa tentação*, a necessidade de pensar a partir desta prova: *não temos escolha, pois ela não vai esperar*. Que não me venham perguntar que "outro mundo" será possível, que "outro mundo" seremos capazes de construir com ela. Não cabe a nós a resposta; ela cabe a um processo de criação cuja enorme dificuldade seria insensato e perigoso subestimar, *mas que seria um suicídio considerar impossível*. Não haverá resposta se não aprendermos a articular luta e engajamento nesse processo de criação, por mais hesitante e balbuciante que ele seja.

CAPÍTULO CINCO

Falei de nossos responsáveis, daqueles que se sentem responsáveis por nós e se apresentam como tais, quando eles próprios estão em estado de pânico frio. Em compensação, aquilo que Marx chamou de capitalismo não sabe o que é esse tipo de pânico, quando essa espécie de "desenvolvimento" pelo qual ele é responsável é questionada pela intrusão de Gaia. E ele não sabe o que é pânico e tampouco hesitação, pois, simplesmente, *não tem as ferramentas para tanto*. Aliás, é por isso que hoje podemos nos inscrever na herança de Marx sem precisar ser "marxista". Em geral, aqueles que nos dizem "Marx está ultrapassado", com um sorrisinho obsceno de satisfação, evitam nos dizer por que o capitalismo, tal como nomeado por Marx, já não seria um problema. Eles subentendem apenas que ele é invencível. Hoje, os que afirmam a inutilidade da luta contra o capitalismo afirmam: "A barbárie é nosso destino".

Se precisamos, talvez agora mais do que nunca, da maneira como Marx situou o capitalismo – ainda que se entenda "caracterização" lá onde ele propõe uma definição –, é antes de tudo para não alimentar a esperança de que, por necessidade, "eles" vão acabar se fazendo perguntas, compreendendo que é o futuro que está em jogo, tanto o de seus filhos como o dos nossos. Ou seja, também para não perder tempo se indignando, denunciando, ainda que se tirem as piores conclusões sobre as taras da espécie humana, que, no final das contas, só teria o que merece. O que Marx chamou de "capitalismo" não nos fala dos homens, não traduz sua avidez, seu egoísmo, sua incapacidade de questionar o futuro.

É claro que, e é este o próprio sentido da caracterização do capitalismo por Marx, os patrões, enquanto indivíduos, são como todo mundo. Não é impossível que, nos anos 1980, patrões tenham acreditado na "empresa cidadã", com a qual foi importante reconciliar os franceses. São esses ou são outros que agora nos lembram, no momento das deslocalizações e das fusões, que a única função da empresa é ganhar dinheiro? Questão insignificante: a conjuntura mudou. Hoje também alguns estão terrivelmente inquietos, enquanto outros "confiam no mercado", cuja capacidade de adaptação e de inovação deveria responder ao "problema" colocado pela intrusão de Gaia. A psicologia individual é perfeitamente descabida quando se trata do capitalismo. Este deve, antes, ser compreendido como um funcionamento, ou uma máquina, que fabrica a cada conjuntura sua própria necessidade, seus próprios atores, e destrói aqueles que não souberam abraçar as novas oportunidades.

À sua maneira, é o que pensam os economistas, servis ou iluminados, que falam das "leis do mercado" que se impõem quaisquer que sejam os nossos projetos e esperanças fúteis. De fato o capitalismo tem algo de transcendente, mas não no sentido das "leis da natureza", tampouco no sentido que associei a Gaia – implacável, por certo, mas de uma maneira propriamente materialista, direi, que traduz o caráter indomável dos agenciamentos que articulam os processos materiais, em cuja estabilidade o que foi chamado de "desenvolvimento" pensou poder acreditar. O modo de transcendência do capitalismo *não é implacável, apenas radicalmente irresponsável*, incapaz de responder por seja lá o que for. E ele não tem nada a ver com o "materialismo" com o qual as pessoas de fé o associam. Em contraste com Gaia, ele deveria é ser associado com um poder de tipo "espiritual" (maléfico),[1] um poder que captura, segmenta e redefine a seu serviço dimensões cada vez

1 O que Philippe Pignarre e eu associamos com um poder de encantamento mágico.

mais numerosas do que constitui nossa realidade, nossas vidas e nossas práticas.

O fato de eu ser levada a caracterizar tanto processos materiais quanto um regime de funcionamento econômico como dois modos de transcendência traduz a particularidade de nossa época, ou seja, o caráter planetário das questões que eles nos impõem em ambos os casos. A contemporaneidade desse duplo devir planetário não tem nada de casual: a brutalidade de Gaia corresponde à brutalidade daquilo que a provocou, a de um "desenvolvimento" cego às suas consequências, ou, mais precisamente, que só leva em conta suas consequências do ponto de vista das novas fontes de lucro que elas podem acarretar. Mas essa contemporaneidade das questões não implica nenhuma confusão entre as respostas. Lutar contra Gaia não tem sentido, trata-se de aprender a compor com ela. Compor com o capitalismo não tem sentido, trata-se de lutar contra seu domínio.

Como já se compreendeu, confiar no capitalismo que se apresenta hoje como o "melhor amigo da Terra", como "verde", preocupado com a preservação e com a durabilidade, seria cometer o mesmo erro que o sapo da fábula, que aceita carregar um escorpião em suas costas para que ele atravesse um rio. Se ele o aferroasse, não se afogariam os dois?, o escorpião argumenta. Ele o aferroa, no entanto, e bem no meio das águas. Em seu último suspiro, o sapo pergunta: "Por quê?". A que o escorpião, prestes a afundar, responde: "É da minha natureza, não posso evitar". É da natureza do capitalismo explorar as oportunidades, *ele não pode evitar*.

A lógica de funcionamento capitalista não pode evitar identificar a intrusão de Gaia com o aparecimento de um novo campo de oportunidades. Por conseguinte, não se toca de modo algum nas leis de bronze do "livre-comércio". Que são bem-vindas, em compensação, para as cotas de dióxido de carbono, que permitem doravante fecundas operações financeiras. Correlativamente, o acontecimento OGM traduz bem o que, do ponto de vista dessa lógica, é preciso evitar, o que nossos responsáveis estão encarregados de evitar e que deverá ser ainda mais evitado quando os efeitos da intrusão de Gaia se tornarem catastróficos: que a produção de capacidades coletivas se envolva em questões que afetam o futuro comum. E que se envolva, antes de tudo, na maneira como essas questões são formuladas, pois discutir soluções é dar a outros o poder de formular o problema a ser resolvido.

A governança faz jus a seu nome, traduz bem a destruição do que implicava uma responsabilidade coletiva quanto ao futuro, ou seja, a política. Com a governança, já não se trata de política, mas de gestão e, em primeiro lugar, de gestão de uma população que não deve se imiscuir naquilo que a afeta. No caso dos OGM, nossos responsáveis fracassaram em sua tarefa do ponto de vista da distribuição daquilo que o capitalismo manda o Estado fazer, e do que o Estado deixa o capitalismo fazer. Eles não conseguiram nos convencer de que os OGM constituíam, quando não um benefício para a humanidade, ao menos um "fato" ao qual era impossível resistir. Não conseguiram deixar o capitalismo fazer o que ele tinha a oportunidade de fazer graças aos OGM: concluir a redefinição da agricultura submetendo-a à lei das patentes. Ou ao menos não sem incidentes, não sem barulho. O capitalismo não gosta de barulho.

Mas não devemos ir rápido demais e constituir como modelo a recusa dos OGM, a resistência inesperada com que se chocou a lógica operatória chamada capitalismo. Não apenas porque os OGM, claro, estão agora quase em toda parte – o êxito está no "quase" –, mas sobretudo porque essa recusa se beneficiou de um efeito surpresa. Os OGM deviam supostamente passar sem muita fricção, em nome do progresso resultante da santa aliança entre a pesquisa científica e o progresso da humanidade. Os consórcios industriais e seus aliados científicos constataram, para seu grande desespero, que isso já não funcionava, que a referência ao progresso tinha perdido seu poder. Mas podemos pensar que se aprendeu a lição e que o argumento do progresso, que se revelou impotente para suscitar um consenso, será substituído, no futuro, por construções bem elaboradas do que, em *La Sorcellerie capitaliste*, Philippe Pignarre e eu chamamos de "alternativas infernais".

Agora todos estão familiarizados com o que essas alternativas produzem – "Vocês recusam uma piora no nível de vida e pedem aumento de salário? Vão ganhar a deslocalização de suas empresas"; "Recusam jornadas de trabalho insuportáveis? Outros ficarão contentes em substituí-los...". Cada situação onde alternativas infernais se impõem, salientávamos, foi "fruto de fabricações pacientes, em pequeníssima escala, de experimentações preventivas".[2] O que se apresenta como "lógico" foi fabricado por múltiplos processos de reorganizações ditas "racionais", que visaram antes de tudo, obstinadamente, minar ou aprisionar as capacidades de pensar e resistir daqueles que tinham meios para isso. Daí as alternativas infernais terem afetado, em primeiro lugar, o mundo do trabalho – questões da aposentadoria, da flexibilidade, dos salários, da organização do trabalho. Hoje, entretanto, a retórica que anuncia ser impossível, ou suicida, recusar aquilo que não se quer, ganhou autonomia. Assim, nos dizem, lutar contra o preço exorbitante dos medicamentos patenteados, nem que fosse

2 *La Sorcellerie capitaliste*, op. cit., p. 45.

só para os países pobres, é condenar a pesquisa que produzirá os medicamentos de amanhã. A retórica, retomada em nível de Estado, agora é suficiente.

Foi a essa retórica que se recorreu diante da recusa inesperada dos OGM. Forjaram-se alternativas com vocação infernal – por exemplo: "Se vocês recusarem os OGM, nossos cérebros científicos vão fugir para céus mais clementes", ou então: "Vocês ficarão atrasados na grande competição econômica", ou ainda: "Vocês não terão os OGM de segunda geração, que serão, eles, sim, realmente benéficos". Mas já era tarde demais e muito pouco convincente, pois a proposta dos OGM não coroava uma construção que permitisse sacar o argumento infernal: "Se vocês recusarem os OGM, vão ter coisa pior". Entretanto, pode-se prever que alternativas mais convincentes vão proliferar. Os biocombustíveis são uma prefiguração desse tipo de alternativa: ou a grande crise energética, ou o confisco de parte considerável das terras produtivas. Os motins da fome podem complicar o argumento, mas não se muda de natureza: o escorpião capitalista não tem meios para impedir a si mesmo de aproveitar as oportunidades, nesse caso, de especular sobre a alta do preço dos alimentos e, assim, acelerá-la.

Devemos esperar, portanto, muitas alternativas do tipo "É isso ou então vocês contribuirão para a catástrofe climática". Considerando que a intrusão de Gaia certamente não fará o capitalismo pensar ou hesitar, pois o capitalismo não pensa, não hesita, tais alternativas previsíveis podem fazer com que aqueles ou aquelas que souberam resistir ao encantamento capitalista hesitem, quer se digam marxistas ou não. Eles têm todos os motivos para temer que, diante da ameaça climática, se proponha uma mobilização com pretensões a transcender os conflitos.

Antecipo e temo também esses chamados à união sagrada e as acusações de traição que automaticamente os acompanham. Mas temo também que isso incite aqueles que resistem a constatar apenas da boca para fora que o aquecimento é efetivamente um "problema novo", constatação imediatamente seguida pela demonstração de que esse problema, como todos os outros, deve ser posto na conta do capitalismo, e depois pela conclusão de que é importante, portanto, seguir em frente, sem se deixar abalar por uma verdade *que não deve perturbar* as perspectivas da luta. Serão então considerados ingênuos, ou vistos com suspeita, aqueles e aquelas que, como eu, insistem na necessidade de práticas de luta novas, que assinalem que é importante aprender desde já o que uma resposta – não bárbara – à questão imposta pela intrusão de Gaia exige. Práticas que (é preciso repetir sempre) não substituem as lutas sociais, mas as articulam com outros modos de resistência, que conseguem fazer conexões onde predominava uma lógica das prioridades estratégicas.

E o desafio de tais práticas é de fato arriscado, pois, no momento de maior necessidade, aquilo a que é preciso renunciar é certamente o que, no mais das vezes, orientou a luta – deve-se fazer a diferença entre aquilo a que essa luta obriga e aquilo que será possível "depois", se o capitalismo for enfim vencido. Nomear Gaia, a que faz intrusão, significa *que já não há depois*. É agora que se tem de aprender a responder, que se tem, especialmente, de criar práticas de cooperação e de substituição com aqueles e aquelas que a intrusão de Gaia estimula doravante a pensar, imaginar e agir. Por exemplo, com os objetores do crescimento e os inventores dos movimentos *slow*, que recusam o que o capitalismo apresenta como "racionalização" e procuram se reapropriar do que significa se alimentar, viajar, aprender juntos. Eles vão precisar de aliados, exigentes, decerto, mas sobretudo não à maneira de juízes verificando que aquilo com o que estão lidando pode certamente pretender constituir uma força de oposição ao capitalismo, e até mesmo consultando o código onde Marx já repertoriou os aliados não confiáveis, pois esses novos atores não terão, quase que por definição, a legitimidade exigida.

É fácil compreender que haja matéria para desespero. Mas o que temo é que esse desespero possa se traduzir em uma reação defensiva, no "eu sei, mas assim mesmo" que paralisa e anestesia. E temo também que a eventual aliança com esses novos atores seja marcada pela tolerância, ou seja, pela indulgência que os adultos "que entendem" reservam a crianças ingênuas – adultos que continuarão, portanto, a "pensar entre si", encorajando ao mesmo tempo todas as boas vontades anticapitalistas. Trata-se de assinalar que a intrusão de Gaia põe em xeque as teorias que armavam esse conhecimento "adulto", que supostamente deviam ser a bússola das lutas, permitir manter o rumo, enxergar com clareza apesar das falsas aparências, das ilusões e das quimeras que o Grande Ilusionista sistematicamente produz. Abandonar essa bússola no momento em que é importante enfrentar uma redefinição do mundo por um capitalismo mais poderoso do que nunca, isso poderia parecer o cúmulo da irresponsabilidade. Nomear Gaia é aceitar pensar a partir do seguinte fato: *não temos escolha*.

Esse "não temos escolha" é do gênero que materialistas deveriam poder aceitar. Mas trata-se aqui de fazer mais do que "aceitar porque não há meio de fazer de outro modo". Trata-se de ser obrigado a pensar com base no que acontece. E talvez a prova passe, antes de tudo, pelo abandono sem nostalgia da herança de um século XIX ofuscado pelo progresso das ciências e das técnicas, pela ruptura do vínculo criado então entre emancipação e o que chamarei de uma versão "épica" do materialismo: uma versão que tende a substituir a fábula do Homem "criado para dominar a natureza" pela epopeia de uma conquista dessa mesma natureza pelo trabalho humano. Definição conceitual sedutora, mas que implica a aposta de uma natureza "estável", disponível para essa conquista. Aceitar nomear Gaia é, portanto, abandonar o vínculo entre emancipação e conquista épica, e até mesmo entre a emancipação e a maioria das significações ligadas ao que foi, desde o século XIX, batizado de "progresso". Deve haver luta, mas ela não tem, não pode ter mais, por definição, o advento de uma humanidade enfim liberada de qualquer transcendência. *Teremos sempre que contar com Gaia*, que aprender, à maneira dos povos antigos, a não ofendê-la.

Talvez digam que a perspectiva que questiono é uma simplificação ou uma caricatura. Claro, e não se trata aqui, por exemplo, de saber o que está nos textos de Marx e o que não está lá. Se faço uma caricatura é para indicar o desafio, indicar como é difícil para nós pensar que a questão posta pela intrusão de Gaia não é redutível a um "momento ruim que vai passar" e do qual o capitalismo seria responsável. Indiferente às razões humanas, cega às grandezas do que chamamos de emancipação, essa intrusão iguala aqueles e aquelas que se fazem perguntas, pois conhecimento algum pode reivindicar privilégio quanto à resposta que deve ser dada a ela. Não que o que sabemos seja agora nulo e sem efeito. De modo algum. São as consequências do que sabemos que gaguejam, ou seja, o conjunto dos "e então..." que criam adultos ou juízes.

Já devem ter notado que, para mim, assinalar que uma questão nos é colocada não significa questionar a própria noção de emancipação, a ideia que precisamos aprender a nos livrar de certezas infantis. Mas a perspectiva muda um pouco. Se há uma certeza infantil, trata-se, antes de tudo, da *nossa*, daquela que colocamos na fábula épica do progresso, em suas múltiplas e aparentemente discordantes versões, mas que convergem, todas elas, para juízos cegos feitos sobre outros povos (que devem ser liberados, modernizados, educados etc.). E se deve haver emancipação, ela terá que ser feita contra aquilo que nos permitiu acreditar ser possível definir a direção do progresso para a humanidade inteira, ou seja, contra o domínio dessa forma clandestina de transcendência que se apoderou de nós. Há muitos nomes para essa transcendência, mas eu a caracterizarei aqui por esse estranho direito que se impôs em seu nome, um direito que teria assustado todos os povos que sabiam honrar divindades tais como Gaia, pois trata-se do *direito de não ter cuidado*.

CAPÍTULO SEIS

"Ter cuidado"[1] é, aparentemente, senso comum. Sabemos tomar cuidado com todo tipo de coisas, e até mesmo aqueles mais aferrados às virtudes da racionalidade ocidental não recusarão esse saber aos povos que eles consideram supersticiosos. Aliás, até mesmo os animais à espreita têm essa capacidade...

E, no entanto, pode-se dizer também que, quando o que está em jogo é o chamado "desenvolvimento" ou "crescimento", a determinação é, principalmente, de não ter cuidado. Trata-se do que comanda todo o resto; somos exortados a pensar na possibilidade de reparar os danos que são o seu preço. Em outros termos, quando temos muito mais meios de prever e de calcular esses danos, nos pedem para termos a mesma cegueira que atribuímos a essas civilizações do passado que destruíram o meio ambiente de que dependiam. E o destruíram apenas de maneira local e, ao contrário do que nós fizemos em um século, sem ter explorado até a quase extinção os "recursos" constituídos ao longo de milhões de anos de história terrestre (muito mais tempo para os lençóis freáticos).

O que fomos obrigados a esquecer não foi a capacidade de ter cuidado, e sim a *arte* de ter cuidado. Se há arte, e não apenas capacidade, é por ser importante aprender e cultivar o cuidado, cultivar no sentido em que ele não diz respeito aqui ao que se define *a priori* como digno de cuidado, mas em que ele obriga a imaginar, sondar, atentar para consequências que estabeleçam conexões entre o que estamos acostumados a considerar separadamente. Em suma, ter cuidado no sentido em que o cuidado exige que se saiba resistir à tentação de julgar.

1 A autora usa a expressão "*faire attention*", que pode significar tanto "prestar atenção" como "ter cuidado". [N.T.]

A arte de ter cuidado está longe de ter sido reabilitada pelo princípio de precaução, embora os protestos dos industriais e de seus cientistas aliados deem um gostinho do que significaria reabilitá-lo. Quando ouvimos tais protestos que ainda hoje se fazem contra esse fracassado princípio de precaução, é impossível não nos assustarmos, tanto por expressarem desprezo por uma população definida como predisposta a ter medo de tudo e qualquer coisa, que exige "risco zero", como pela consciência tranquila dos que protestam, essas cabeças pensantes da humanidade encarregadas de levar o rebanho humano rumo ao progresso. Pois esse princípio é aparentemente bem razoável: ele se limita a afirmar que, para levar em conta um risco grave e/ou irreversível para a saúde ou para o meio ambiente, não é necessário que esse risco seja "cientificamente provado". Dito de outro modo, o que gerou tantos protestos se limita a enunciar que, mesmo sem prova do risco, devemos ter cuidado.

Foi preciso haver catástrofes sanitárias e ambientais para que os poderes públicos fossem finalmente obrigados, na Europa, a reconhecer a legitimidade de um princípio de precaução. O fato de cientistas de renome terem podido acusá-los de traição, apesar dessas catástrofes, elucida de maneira estranha e bem crua a situação que esse princípio ambiciona reformar: uma situação paradoxal, já que a necessidade de ter cuidado em caso de dúvida, isso que se exige do "bom pai de família", que se inculca nas crianças, é ali definida como inimiga do Progresso.

No entanto, o que provocou essa acusação foi algo bem tímido, pois o princípio de precaução respeita a situação pré-codificada na qual ele intervém, uma cena em que se confia a incumbência de julgar o valor de uma inovação industrial unicamente ao encontro com o mercado e em que se reconhece aos poderes públicos o direito de colocar algumas condições a esse encontro. O princípio se limita a estender um pouco esse direito, mas não modifica em nada a lógica da situação. A avaliação continua sendo da incumbência do mercado, e só implica, portanto, os critérios adotados por ele. Quanto às condições de aplicação do princípio, elas são extremamente restritivas. Não apenas os riscos devem incidir sobre a saúde e o meio ambiente, e portanto não concernem, por exemplo, as catástrofes sociais que uma inovação pode provocar, mas o princípio indica que as medidas que respondem à incorporação do risco devem ser "proporcionais". Pode-se pensar que a proporção incidiria sobre uma avaliação dos benefícios de uma inovação tecno-industrial para o "interesse geral", já que é ele que está em jogo no risco. Mas não, o que a proporção põe em cena é a preocupação com o dano que as medidas vão provocar para aqueles que se beneficiam do direito sagrado de empreender, de colocar no mercado, de fazer circular.

Assim, será que podemos contestar o "direito de empreender" da Monsanto, sob pretexto de que seus OGM podem acelerar a proliferação de insetos resistentes ao inseticida "carregado" pelas plantas? Claro que não. Bastará publicar algumas regras visando à diminuição das probabilidades de aparecimento desses insetos e esperar que os agricultores afetados obedeçam tais regras que lhes complicam a vida e diminuem os lucros previstos, e isso não por um período passageiro, mas permanentemente. Já que proibir os OGM da Monsanto seria uma medida "desproporcional", não há outra opção possível. Quanto às consequências socioeconômicas dos OGM, elas sequer entram em pauta. A ruína dos pequenos agricultores indígenas não é um risco grave e/ou irreversível, mesmo se eles se suicidam. É o preço duro, mas necessário, da modernização da agricultura.

Dirão que é a liberdade de empreender que está em jogo. E qualquer empresário retomará o refrão: o risco é o preço do progresso (hoje: da competitividade). Mas é aqui que é preciso desacelerar e ter cuidado. Aceitar identificar a Monsanto com o empresário, cuja pose heroica ela reivindica, pose de quem aceita de peito aberto a possibilidade de fracasso, pose do Homem prometeico que não para de explorar o que poderia se tornar possível, é se deixar cair na armadilha por uma dessas encenações dramáticas de cujo segredo nossas cabeças pensantes são detentoras. A intrusão de Gaia seria a punição do Homem que ousou desafiar a ordem das coisas. Do que resultam inúmeras consequências que nos encurralam – confiar no gênio humano ou amaldiçoá-lo e pleitear o remorso. E o capitalismo, se esqueceram dele?

A pose heroica da Monsanto e de seus semelhantes não é apropriada, pois, quando se trata de seus próprios investimentos, é *segurança* que eles exigem: só o mercado, verdadeiro juízo de Deus, pode colocá-los em risco, não a questão das consequências. E é óbvio que esse "juízo de Deus" é fraudulento. Em compensação, o que importa para mim é que, em nome desse juízo, os por assim dizer empresários que ostentam a paixão pelo "possível" possam exigir que a questão das consequências possíveis não constitua um argumento suscetível de pô-los em risco.

A fim de separar aqueles com quem lidamos dessa história de empresários criativos e audaciosos a que eles pretendem pertencer, nos obrigando a escolher entre a aventura humana e a renúncia medrosa, eu os chamarei a partir de agora de Empresários, a maiúscula significando, como mais tarde será o caso com a Ciência, que se trata de uma pretensão de fachada que dissimula uma mudança de natureza. Não diremos que o

 Empresário tem confiança (prometeica) no progresso "que

pode consertar tudo", uma confiança que ele teria compartilhado com a maioria de nós, e que "nos" reuniria diante da séria questão da vocação do Homem e de seu futuro. Um futuro que, nos foi frequentemente dito, "está nas estrelas". O que o duplo escândalo, para nossos Empresários e seus aliados, do acontecimento OGM e do princípio de precaução nos ensina é que não estamos falando de confiança. *Trata-se decerto de uma exigência.* Correlativamente, o reaprendizado da arte de ter cuidado não tem nada a ver com uma espécie de imperativo moral, de um apelo ao respeito ou a uma prudência que "nós" teríamos esquecido. *Não se trata de "nós", mas dos negócios com os quais o Empresário exige que não nos metamos.*

Quando Marx caracterizou o capitalismo, a grande questão era: "Quem produz as riquezas?", daí a preponderância da figura do Explorador, esse sanguessuga que parasita a força viva do trabalho humano. Essa questão não perdeu evidentemente nada de sua atualidade; à determinação de não ter cuidado, até e inclusive quando a barbárie ameaça, pode corresponder uma outra figura que vem se acrescer, sem rivalidade, à primeira. Essa figura é o Empresário, aquele para quem tudo é oportunidade – ou, antes, *que exige a liberdade de poder transformar tudo em oportunidade* – para um novo lucro, inclusive o que põe em xeque o futuro comum. "Poderia ser perigoso" é algo que um patrão individual poderia entender, mas não a lógica operatória do capitalismo, que eventualmente condenará aquele que recua diante de uma possibilidade de empreender.

Com a figura do Empresário outras duas aparecem, pois o Empresário exige, mas é preciso que sua exigência seja ouvida. Essas duas figuras são o Estado e a Ciência. Talvez seja possível associar o momento em que se pode realmente falar de capitalismo com aquele em que o Empresário pode contar com um Estado que reconhece a legitimidade de sua exigência, *a de uma definição "sem risco" do risco da inovação*. Quando um industrial diz, com a voz hipocritamente chorosa, "O mercado julgará", ele está celebrando a conquista desse poder. Ele não tem que responder pelas consequências (eventualmente muito pouco desejáveis) do que é colocado no mercado, a não ser que elas violem uma proibição explícita formulada pelo Estado, uma proibição cientificamente explicada e que responde ao imperativo da proporcionalidade. Quanto à Ciência, que em todas as áreas recebeu uma autoridade geral sobre a definição dos "riscos" a serem levados em conta, ela não tem muito a ver com as ciências. Não é de surpreender que os especialistas que jogam esse jogo saibam que eles só serão plausíveis se suas opiniões forem as mais "ponderadas" possíveis, ou seja, que eles deem todo seu peso à legitimidade do inovador "que investiu".

Que Ciência é essa que intervém aqui como terceiro ladrão, árbitro tolerado pelo Empresário no que diz respeito a seu direito de inovar, da mesma forma que reconhece (forçosamente) o direito do Estado de proibir? Utilizei a letra maiúscula para distingui-la das práticas científicas. E isso não para eximir os praticantes de qualquer responsabilidade, para opor os especialistas (a serviço do poder) e os pesquisadores (desinteressados), mas porque com a articulação Empresário-Estado-Ciência estamos bem próximos da lenda dourada que prevalece quando se trata da "irresistível escalada de poder do Ocidente". Essa lenda põe efetivamente em cena a aliança decisiva entre a racionalidade científica, mãe do progresso de todos os saberes, o Estado que se livrou enfim das fontes de legitimidade arcaicas que impediam essa racionalidade de se desenvolver, e o crescimento industrial que a traduz em princípio de ação enfim eficaz, o que os marxistas chamaram de desenvolvimento das forças produtivas. É dessa lenda, por certo, que devemos escapar, mas, se a arte de ter cuidado deve ser reconquistada, é importante começar tendo cuidado *com a maneira* pela qual somos capazes de escapar dela.

Mais uma vez, não definiremos a verdade do Estado ou da Ciência, não reescreveremos a "verdadeira história" por trás da lenda, mas ativaremos questões que dependem, antes de tudo, do momento em que vivemos, daquilo que ele nos força a pensar e também daquilo de que ele nos pede para desconfiar. É das simplificações que convém desconfiar aqui, simplificações que ratificariam ainda a história de um progresso ou a contrariariam intensamente, quer façam do capitalismo o único verdadeiro protagonista, a autonomia relativa dos dois outros sendo amplamente ilusória, quer façam dos três protagonistas as três cabeças de um mesmo monstro, que cabe ao intérprete nomear. Em todos esses casos, falta a questão, hoje crucial, de saber o que poderia ou não ser aproveitado na tarefa de reaprender a arte de ter cuidado.

CAPÍTULO SETE

Escrevi muito sobre as ciências, e, notadamente, contra sua identificação com uma abordagem neutra, objetiva, racional, enfim. Não se tratava de atacar as práticas científicas, mas de defendê-las contra uma imagem de autoridade alheia ao que constitui sua fecundidade e sua relativa confiabilidade.[1] Eu me restringirei aqui a salientar que, quando se fala de pesquisa científica, a definição do que "deve" ser levado em conta nunca se impõe de maneira geral, mas traduz o *acontecimento de um êxito* que abre para aqueles e aquelas a quem ele diz respeito um novo campo de questões e de "possíveis". A Ciência é alheia a esse tipo de acontecimento e participa diretamente da proibição que recai sobre o "ter cuidado".

"Não está provado, não está provado!", quantas vezes os especialistas entoaram esse refrão obsceno. Refrão cuja autoridade, é preciso salientar, não é questionada pelo princípio de precaução, pois este fala de um "ainda não" provado. Com a Ciência, já não se trata da prova como êxito, como o que constitui acontecimento. A prova é o que *devemos ter o direito de exigir* quando surgem uma questão, uma objeção, uma proposição incômoda. O primeiro papel do refrão "não está provado" é fazer calar, separar o que será considerado objetivo ou racional e o que será rejeitado como subjetivo, ou ilusório, ou manifestação de apego irracional a modos de vida infelizmente-condenados-pelo-progresso. Esse papel, aceito por muitos cientistas, desonra aqueles que o endossam de um modo bem mais íntimo do que a participação no desenvolvimento de armas de guerra, pois transforma o acontecimento constituído por uma prova verdadeira, o êxito raro que deixa os

1 Sobre este assunto, cf. I. Stengers: *A invenção das ciências modernas* (Editora 34, 2002) e *La Vierge et le neutrino* (Paris: Les Empêcheurs de Penser en Rond, 2006).

pesquisadores tensos, que os força a pensar, a objetar, a criar de forma imperativa em todas as áreas.

Mas essa desonra vem de longe. Tentei caracterizar a novidade prática efetivamente associada à prova experimental pela descoberta de que determinados fatos, que chamaremos de experimentais, podem, se cuidadosamente encenados no laboratório, adquirir a capacidade de revelar a maneira pela qual eles devem ser interpretados. É esse o êxito que faz com que os cientistas "experimentais", aqueles que compreendem o que é "dançar no laboratório" quando "funciona", pensem, fiquem estimulados, façam objeções. Mas aquele que descobriu que esse êxito era possível, Galileu, apressou-se em generalizá-lo, ou seja, em transformar o êxito (conseguir produzir um tipo de fato que "prova") em método (se curvar diante dos fatos). Assim ele pôde opor a nova razão científica, que só aceita os fatos como autoridade, a todos aqueles que tomam partido sobre questões indecidíveis, que dão poder às suas convicções ou a seus preconceitos. Essa encenação é sem dúvida *uma das operações de propaganda mais bem-sucedidas na história humana*, já que foi retomada e ratificada, inclusive pelos filósofos cuja pretensa autoridade Galileu rejeitava. Alguns, ainda hoje, repetem o juízo lapidar de Gaston Bachelard: "A opinião está, de direito, sempre errada. A opinião *pensa* mal, ela *não pensa*: ela *traduz* necessidades em conhecimentos". O fato de esse juízo ter sido emitido em um livro intitulado *A formação do espírito científico* adquire uma lógica profunda. O que se chama espírito científico só tem sentido por oposição ao que seria "não científico", ainda que alguns se achem espertos invertendo o sentido dessa oposição, ao atribuir "às pessoas" uma riqueza subjetiva ou emocional cuja ausência caracterizaria o espírito científico, frio, calculista, racional.

Nem todos os cientistas aderiram à encenação "Ciência contra Opinião", que dá à Ciência o papel de definir as "verdadeiras" questões, as que se podem resolver "objetivamente", e de remeter o resto à subjetividade e às suas ligações irracionais. Entre aqueles, porém, que sabem que a encenação é apenas propaganda, alguns pensam que isso era "infelizmente necessário", que sem isso a importância dos trabalhos científicos não teria sido reconhecida em seu justo valor. Aliás, talvez Galileu pensasse assim. O desprezo pelas "pessoas", propagado pela oposição entre Ciência e Opinião, assume então formas amenas – "elas" não podem compreender o que fazemos –, entretanto esse desprezo ainda está presente aqui, no fato de o preço do reconhecimento do valor da ciência, que foi e continua sendo pago, parecer aceitável – é aceitável não dizer nem toda a verdade, nem nada além da verdade, pois "as pessoas" não pedem nem merecem mais do que isso. "As pessoas" perderiam a confiança se alguém lhes dissesse a que ponto um cientista é mal preparado por sua disciplina para intervir em questões de interesse coletivo, e elas correriam para os charlatões, os criacionistas, os astrólogos e seja lá quem fosse.[2] Uma estranha tolerância aos colegas que assumem o papel conferido à Ciência caracteriza assim a maioria dos cientistas, inclusive os que sabem que o "espírito" ou o "método" científicos do qual esses colegas se vangloriam são produtos de propaganda. Uma forma de lei do silêncio se impõe a partir do momento em que os colegas em questão lhes parecem ter "boa-fé", mesmo se essa fé é cega como a do carvoeiro.

Voltarei a falar sobre a "economia do conhecimento", que está prestes a subjugar as práticas científicas, mas que não

2 Daí talvez a excitação de muitos cientistas diante da "ofensiva criacionista" contra a evolução darwiniana: vocês podem ver, o monstro está aí, e está nos atacando. Somos ainda, portanto, como na época de Galileu, um baluarte contra o obscurantismo!

incomodará de modo algum os especialistas, e a autoridade de suas provas em todos os campos. Quero salientar desde já, porém, o vínculo entre a passividade triste dos cientistas que a ela se submetem, sua incapacidade de politizar o que lhes acontece, e essa referência à Ciência que, depois de lhes ter sido tão vantajosa, os estrangula. "Escalada da irracionalidade", "eles não sabem o que fazem" é só o que eles podem resmungar. Mas essa mesma passividade caracteriza o conjunto do mundo dito "acadêmico", prestes a ser redefinido em profundidade por aquilo mesmo que ele deixou ser definido como "objetividade" quando se tratava de julgar os outros – e incluo nesse mundo aqueles que protestaram contra o "reino da objetividade". Quer se trate da célebre "classificação das universidades" ou dos critérios de avaliação aos quais agora estão submetidos os centros de pesquisa e os pesquisadores, eles são produzidos pelos "especialistas" que são também "colegas". E os "fatos" que esses especialistas conservam, que identificam com sinais de excelência, podem muito bem ser denunciados como cegos, não pertinentes ou injustos; eles fabricam, em nome da Ciência e de seu imperativo de objetividade, uma nova definição operante da pesquisa. Para dar apenas um exemplo, essa definição teria me excluído e ela faz com que os pesquisadores que se recusam a publicar o que se deve, onde se deve sejam fadados à marginalização.

Não estamos nos queixando, mas constatando que o processo de destruição dos recursos que poderiam alimentar uma arte de ter cuidado *continua a todo vapor* sob o manto de modernização, um processo cujo imperativo categórico é a mobilização de todos, com repreensão daqueles que se beneficiam ainda com "nichos" relativamente protegidos. Talvez o capitalismo não pedisse tanto, e aqui desponta o outro protagonista, o

Estado. A passividade dos pesquisadores provém, em parte, do fato de eles se sentirem traídos pelo Estado que eles pensavam estar a serviço do interesse geral (é claro).

Não se queixar, portanto, *mas também não dizer* "é mais do que justo". A intrusão de Gaia opõe-se a esta moral diretamente ligada à grande narrativa épica do advento do Homem: aqueles que são indignos, os que ficaram vulneráveis às tentações do Inimigo, serão eliminados. Precisamos, repetirei incessantemente, de pesquisadores capazes de participar da criação das respostas de que depende a possibilidade de um futuro não bárbaro, e alguns começam a se manifestar – estimulados, principalmente, pelo acontecimento OGM.

Por certo não direi que, em compensação, não precisamos de Estado. Direi que, diante da intrusão de Gaia, *não se deve confiar no Estado*. Trata-se de abandonar o sonho de um Estado protetor do interesse de todos, baluarte contra os "excessos" do capitalismo, ainda que seja denunciado porque teria traído sua missão. A questão não é, portanto, saber "quem" domina (indevidamente) o Estado e o desvia do papel que deveria ser o seu, o que é o caso quando se fala de tecnocracia, quer a "técnica" se refira às ciências ou ao direito. Parece-me, em compensação, mais interessante – sobretudo hoje, quando a função do Estado é, antes de tudo, a mobilização para a guerra econômica, sem nenhuma referência crível ao progresso – caracterizar o que o Estado faz a essas diferentes práticas, faz àqueles que trabalham a seu serviço. Sabemos que essa atividade se traduz, no mais das vezes, na produção de regras e de normas (de qualidade, de segurança etc.) cegas para as localidades e para os saberes denegridos por serem "tradicionais", e na eliminação correlativa do que não está em conformidade, não está padronizado, do que resiste a uma "avaliação objetiva". Mas é apressado atribuir tudo isso à "racionalidade técnica". Enquanto "praticantes", os técnicos seriam capazes de muitas outras coisas além de submeter tudo o que se move ao reino das categorias indiferentes a suas consequências. As práticas de um cientista, de um técnico ou de um jurista implicam uma arte particular do cuidado, elas permitem a eles, e até mesmo lhes pedem, quando não são subjugadas, que eles hesitem e aprendam. Em compensação, o serviço do Estado pede que não haja hesitação, define qualquer uma como uma ameaça à ordem pública, como uma ameaça de desmobilização.

Mas nem por isso se vai denunciar o Estado como cúmplice, e até mesmo como emanação direta, do capitalismo. A denúncia cria uma divisão entre os que sabem e os que são enganados pelas aparências, mas o saber que ela produz tem como efeito apenas atribuir ainda mais poder ao capitalismo. Pode-se dizer, em compensação, que entre as razões do Estado moderno e o capitalismo há, antes, uma lógica do ovo e da galinha, isso não implica confundir a galinha com o ovo – não há simetria entre eles –, mas afirmar a impossibilidade de compreender um sem referência ao outro. E isso mesmo que não haja nem cumplicidade voluntária, nem corrupção, nem, aliás, amizade. "Estado demais", reclama continuamente um. "Deveria haver regulamentação", resmunga o outro. Se há galinha e ovo, é porque há inter-referência entre lógicas de funcionamento distintas, a da máquina dita "pesada e cega", que define o que pode ser percebido, e a do oportunista à espreita, capaz de se aproveitar de tudo o que não é definido como perceptível.

Não pretendo definir aqui a lógica do Estado, mas tentar caracterizá-la, e isso a partir do que aconteceu. Nossa história, há quase três décadas, foi a de uma destruição do que tinha sido conquistado pelas lutas políticas e sociais. Flexibilidade! Diminuição dos encargos! Todos conhecem o poder quase consensual que essas reivindicações patronais conseguiram obter, a maneira como elas se tornaram palavras de ordem que acarretaram uma adesão majoritária frouxa. Mas o que foi tão mal e tão pouco defendido não foi o que tinha sido conquistado, mas *a transposição do que havia sido conquistado para as categorias próprias à gestão estatal*. Proporei o termo "qualquer um" para caracterizar essa transposição. O que foi conquistado *por todos* se redefiniu por categorias que se dirigiam a *qualquer um*, categorias produtoras de amnésia e, por conseguinte, vulneráveis às alternativas infernais elaboradas pelo capitalismo.

A derrota (nesse caso, daqueles que haviam confiado no Estado), mais do que a vitória, permite detectar as lógicas de funcionamento. Na época das conquistas sociais, pôde-se atribuir ao Estado uma dinâmica "progressista", mas quando ele virou a casaca, ele não traiu nada. Sua lógica se manteve intacta. A ordem pública pede regras, e essas regras pedem uma "lógica do qualquer um", *qualquer um* designando todos aqueles para quem uma regra ou uma norma é aplicável, *sejam quais forem as consequências dessa aplicação*. Se há uma inter-referência entre as lógicas de funcionamento estatal e capitalista, entre aqueles que se acham "responsáveis pela ordem pública" e os que exigem o direito à irresponsabilidade, condição da livre empresa, ela passaria então pela hostilidade que lhes é comum, mas por razões distintas, em relação à arte de ter cuidado com as consequências.

Há, com certeza, uma abundância de exceções a cada regra, e essas exceções são motivadas por consequências que devem ser evitadas. Mas elas sempre se traduzem em termos de subcategorias, ou sub-subcategorias, reagrupando a cada vez uma classe de "qualquer um", uma classe definida pela homogeneidade daqueles que ela inclui do ponto de vista da regra. E coitado daquele que não tem o poder de fazer com que sua reivindicação à exceção seja ouvida. Coitados, por exemplo, dos pequenos agricultores, hoje esmagados pela papelada administrativa imposta em nome da segurança dos consumidores, se não puderem assegurar que somente as grandes empresas agrícolas podem suportar essa carga. Coitados, também, daqueles que souberam se fazer ouvir e viram aquilo por que tinham lutado ser redefinido em termos estatais e transformado em funcionamento regulamentado, cego às suas consequências.

É óbvio que as grandes empresas, com seu exército de advogados e lobistas, não fazem parte da categoria do "qualquer um". Às vezes elas fazem o que "qualquer um" não pode fazer, obter a adoção das regras que lhes convêm, como foi o caso da Monsanto com a administração norte-americana a propósito da segurança dos OGM, ou então de fazer o Estado atuar a seu serviço direto, como é o caso das represálias unilaterais dos Estados Unidos contra os países considerados permissivos com relação aos direitos de propriedade intelectual. Mas, de modo mais rotineiro, elas se satisfazem perfeitamente em jogar o jogo do qualquer um, ou seja, em se beneficiar da ficção jurídica que faz delas "pessoas morais", que podem até mesmo reivindicar para si direitos do homem. Com a única diferença de que todas elas têm meios para encontrar o jeitinho que lhes permite modificar uma regulamentação ou fazê-la funcionar a seu favor.

Que ninguém se pergunte por que não paramos de opor o mundo da "livre empresa" ao Estado planejador autoritário.

É a alternativa que resta quando os dois bandidos, o Estado e a Empresa – uma Empresa que se pode, por conseguinte, chamar de "capitalista" –, concordaram em criar um vazio, em fazer com que se calasse ou fosse esquecida a capacidade de quem faz objeção de tornar perceptíveis as consequências imprevistas, não levadas em conta ou intoleráveis. Em suma, a capacidade de intervir, de complicar o jogo, de se meter naquilo que, do ponto de vista tanto do Estado como do Empresário, não é de jeito nenhum da conta deles.

Se hoje a questão que importa é a de uma reapropriação coletiva da capacidade e da arte de ter cuidado, o Estado, tal como acabo de caracterizá-lo, não ajudará: o surgimento de grupos que se metem no que não é da conta deles, que propõem, objetam, exigem participar da formulação das questões e aprendem como participar, é para ele, sempre e antes de tudo, uma "perturbação da ordem pública", que é preciso tentar ignorar, e, se isso não for possível, será preciso produzir em seguida sua amnésia. A ordem pública está sempre se restabelecendo, com suas pretensões de ser sinônimo da defesa de um interesse geral que se tem de explicar a uma população sempre suspeita de querer dar prioridade a seus interesses egoístas. Estamos saturados de narrativas consensuais, nas quais o que se conseguiu contar é apresentado como normal, nas quais a luta passou sob silêncio, nas quais aqueles que tiveram que aceitar, tornaram-se aqueles que "reconheceram a necessidade de...".

Por isso é preciso ficar atento ao surgimento contemporâneo de "outras narrativas", talvez um anúncio de novos modos de resistência, que recusam o esquecimento da capacidade de pensar e de agir conjuntamente exigido pela ordem pública. Vou me ater aqui às narrativas que fazem referência aos *enclosures*, ou seja, à história da apropriação dos *commons*.

CAPÍTULO OITO

Os *enclosures* se referem a um momento decisivo na história social e econômica da Inglaterra: à erradicação, no século XVIII, dos direitos consuetudinários que incidem sobre o uso de terras comuns, os *commons*. Essas terras foram "cercadas", ou seja, apropriadas de maneira exclusiva por seus proprietários legais, e isso com consequências trágicas, pois o uso dos *commons* era essencial para a vida das comunidades camponesas. Um número espantoso de pessoas foi despojado de qualquer meio de subsistência. A propósito, *The Tragedy of the Commons* é o título de um ensaio famoso publicado em 1968, mas seu autor, Garret Hardin, distorce a associação entre destruição dos *commons* e tragédia. A tragédia seria, na verdade, a superexploração (postulada por Hardin) existente nas próprias terras comuns, ligada ao fato de que cada utilizador corria atrás de seus interesses egoístas sem considerar que esses interesses egoístas levariam ao empobrecimento de todos. Essa fábula fez grande sucesso, evidentemente, já que permitia legitimar como "infelizmente necessários" não apenas os *enclosures*, mas com eles o conjunto das privatizações daquilo que tinha sido de gestão coletiva: o interesse dos proprietários privados é igualmente egoísta, mas ele os leva a fazer frutificar seu capital, a melhorar os rendimentos, a aumentar a produtividade.

Outra narrativa clássica, a de Marx, associa a expropriação dos *commons* com o que ele chama de "acumulação primitiva do capital". A grande massa dos pobres, agora despojada de qualquer vínculo, vai ser explorada sem piedade pelas indústrias nascentes, sem que se leve em conta a "reprodução da força de trabalho": os pobres podem morrer trabalhando, sempre haverá outros. Nesse sentido, os *enclosures* "preparam" a apropriação capitalista do trabalho daqueles que, privados de seus meios de subsistência, serão reduzidos a mera força de trabalho. No entanto, Marx não celebrou essa expropriação da mesma maneira como celebra a destruição das corporações e do conjunto daquilo que liga os homens a tradições e modos de vida: como a eliminação de uma ordem antiga, pela qual o socialismo futuro terá uma dívida com o capitalismo. Talvez por causa da brutalidade impiedosa da operação, ou porque o que foi destruído era uma forma de coletivizar os recursos e os meios, mas o fato é que ele viu nisso mais um "roubo", ou a destruição do "direito dos pobres" a assegurar sua subsistência.

Se hoje a referência aos *enclosures* faz sentido é porque o modo de expansão contemporânea do capitalismo lhe devolveu toda a sua atualidade. A privatização de recursos essenciais à simples sobrevivência, tais como a água, está na ordem do dia, como também a da educação, que tinha sido considerada em nossos países como de responsabilidade pública. Não que a gestão da água não tenha sido fonte de lucro, nem que o capitalismo não tenha aproveitado amplamente da produção de trabalhadores formados e disciplinados; a diferença é que agora se trata de apropriação direta, sob o signo da privatização do que era "serviço público".

E a privatização não para por aí. A referência aos *enclosures* é diretamente ativada por essa "economia do conhecimento" à qual já fiz alusão, pois o que esta última promete não é mais que o fim da fronteira entre pesquisa pública e privada, com apropriação direta do que, até então, se beneficiava de uma autonomia bem relativa. A produção de conhecimento é hoje considerada uma questão importante demais para deixar esse mínimo de autonomia aos pesquisadores, doravante submetidos ao imperativo de fazer parcerias com a indústria, de definir o registro de patentes como o êxito desejável por excelência e a criação de *spin off*[1] como sonho de glória. Tudo isso com dinheiro público, que será devorado nos vários *spin off* que fracassam, enquanto os que têm êxito serão readquiridos sem muito risco, com suas patentes, por este ou aquele consórcio.

Em suma, mudou a distribuição entre o que o Estado deixa o capitalismo fazer e o que o capitalismo faz o Estado fazer. O Estado deixa o capitalismo meter a mão no que foi definido como de domínio público, e o capitalismo faz o Estado assumir a tarefa sagrada de expulsar aqueles que infringem o agora sacrossanto direito de propriedade intelectual. Um direito que se estende a quase tudo, do vivente aos saberes outrora definidos como acessíveis a todos os seus usuários. Um direito ao qual, em nome da defesa da inovação, a OMC pretende submeter todo o planeta.

No entanto, a referência contemporânea aos *enclosures*, à apropriação do que era bem comum, não foi inventada nem pelos movimentos sindicais, defensores dos serviços públicos, nem pelos pesquisadores sob comando direto, com a benção do Estado, de seus antigos aliados industriais. Foram os programadores de informática, cuja profissão era diretamente visada pelo registro de patentes de seus algoritmos, ou seja, de suas próprias linguagens, que "nomearam" assim o que os ameaçava e criaram uma resposta, a agora famosa licença pública geral, GNU GPL [GNU General Public License]. Foi o ponto de partida de um movimento coletivo de criação de softwares livres, que todos podem baixar e com cuja proliferação todos podem contribuir na medida de suas competências e de seu tempo. Não nos enganemos, não se trata do reino ange-

1 Criação de uma empresa pela transferência de tecnologia de um grupo de pesquisas. [N.E.]

lical da cooperação desinteressada. Outras maneiras de ganhar dinheiro se organizaram. Trata-se, porém, da invenção de um modo de resistência ao *enclosure*: todos aqueles que recorrem aos programas licenciados sob o GNU, ou os modificam, estão sujeitos à limitação de não apropriação exclusiva do que eles criam.[2]

A resistência dos programadores dificilmente entra nas categorias gerais da luta contra a exploração, pois esta trata de resistir ao capitalismo da economia do conhecimento, e os que participam daquela raramente definem-se como explorados. Claro que é sempre possível conservar a bússola teórica, seguir em frente identificando capitalismo e exploração, falando de uma forma de "falsa consciência": eles não sabem, mas nós sabemos. No entanto, aqui, seguir em frente significa negar a originalidade e a relativa eficácia do que os programadores que resistiram conseguiram. Se eles tivessem se juntado às massas exploradas em luta, os direitos de propriedade intelectual hoje reinariam, absolutos, no domínio dos softwares.

Como descrever esse tipo de resistência, que transformou a referência aos *commons* em questão de luta? Distinguirei dois tipos de narrativas, de maneira por certo algo caricatural, mas o importante é fazer com que se sinta a divergência, não as posições por si mesmas.

2 O fato de eu citar aqui o movimento dos softwares livres não significa que eles sejam os "bons", enquanto os "piratas" da informática, que "quebram" os softwares protegidos e difundem a maneira de contornar as proteções, não teriam interesse. Pode-se dizer que, no nível dos efeitos – do poder de nocividade indo de encontro ao direito de propriedade e da acessibilidade "livre" dos programas –, os piratas são mais eficazes. Mas não é o caso aqui de escolher; muitos pertencem, aliás, aos dois meios. Nem de opô-los como se oporia reformismo e radicalismo. Os dois movimentos são interessantes, nenhum dos dois é exemplar (se muitos criadores de softwares livres andam de mãos dadas com o lucro, a pirataria "gratuita", como toda máquina de guerra, corresponde a uma problemática da traição: muitos "piratas" são contratados como especialistas e se tornam caçadores de piratas).

A primeira narrativa põe em cena uma renovação do teatro conceitual marxista que preserva seu gênero "épico" – caracterizá-la assim indica que vou tentar me distanciar dela.[3] O capitalismo hoje deveria ser qualificado de "cognitivo" – ele visaria menos à exploração da força de trabalho do que à apropriação do que deve ser reconhecido como bem comum da humanidade, a saber, o conhecimento. E não qualquer conhecimento: são os trabalhadores do "imaterial", os que manipulam saberes abstratos em cooperação uns com os outros, que teriam se tornado a verdadeira fonte de produção de riqueza. Este "proletariado imaterial", como diz Toni Negri, seria doravante, portanto, aquilo de que o capitalismo vai depender, mas aquilo que ele não poderá (talvez) subjugar. Pois a especificidade dos saberes imateriais, ideias, algoritmos, códigos etc., é que seu valor de uso é imediatamente social, como já o é a linguagem, que só existe por e para o compartilhamento e a troca. Os novos *enclosures* traduziriam essa nova época, onde se trata, para o capitalismo, de impedir uma dinâmica social da qual ele agora depende e que lhe escapa: o proletariado imaterial, móvel e autônomo poderia muito bem conseguir o que as antigas comunidades camponesas, ligadas como eram a seus pastos comunais e a seus saberes concretos, não conseguiam. A revolta dos programadores, a maneira como conseguiram construir redes cooperativas que afirmam o valor imediatamente social do imaterial, já que agora, graças a eles, cada utilizador pode trair Bill Gates e baixar os programas de que precisa, seria por conseguinte exemplar e pioneira.

3 A proposição da qual me distancio aqui é a de Toni Negri e Michael Hardt, que põe em cena o que eles chamam de "multidão". Essa "multidão", fundamentalmente anônima, nômade e especializada, torna-se a nova "força antagonista" que pode ameaçar o capitalismo. Este, tornado cognitivo, precisa dela de modo vital, mas ela pode lhe escapar, pois não se identifica com os modos de produção industriais.

Trata-se sempre, portanto, de uma epopeia da humanidade, uma humanidade para a qual o capitalismo, bem a contragosto, revela sua verdadeira vocação. O "capitalismo cognitivo", na medida em que explora uma linguagem que permite a comunicação de todos com todos, um conhecimento produzido por cada um que beneficia a todos, faria existir aqui e agora o que seria "comum" aos homens, um comum fundamentalmente anônimo, independente de qualidade e propriedade. O capitalismo contribuiria assim (sem querer) à possibilidade de uma humanidade reconciliada, de uma multidão móvel e criativa, emancipada das amarras que punham os grupos em conflito. E, como só pode existir uma única epopeia revolucionária, a classe operária é afastada do papel que lhe tinha sido conferido por Marx, e até mesmo definida em termos que, retrospectivamente, a desqualificam para esse papel. Supostamente, ela só devia ter seus grilhões a perder, mas os que perderam seus grilhões já existem – ao menos já adquiriram uma existência conceitual. E ela mesma, a "velha classe operária", que trabalhava a matéria e, para Marx, produzia toda a riqueza, é agora caracterizada como ligada demais aos instrumentos de produção para poder satisfazer ao conceito, para ser portadora do "comum" dos homens.

Do ponto de vista conceitual, conta muito pouco o fato de que, em nome da competitividade, os trabalhadores sejam hoje explorados com rara intensidade, sem falar dos *sweatshops*[4] reservados aos países pobres e do aparecimento em nosso país de "trabalhadores pobres", incapazes de suprir às suas necessidades com seus salários. Mas, sobretudo, como em todo teatro de conceitos,

4 *Sweatshop* é um termo utilizado para designar condições de trabalho inaceitáveis, insalubres e perigosas, indiferentes a leis trabalhistas, com longas jornadas de trabalho mal remuneradas. *Sweater* era o encarregado de contratar empregados nessas condições para fábricas de roupa na Inglaterra dos anos 1830. [N.E.]

funcionamos aqui no longo prazo, e até mesmo em prazo indefinido. Os matemáticos falariam de "teorema de existência": o que é conceitualizado demonstra a existência de uma resposta positiva à questão "há um candidato digno do papel?", mas não indica a maneira como o candidato se tornará capaz de desempenhar esse papel. É precisamente esse tipo de busca de uma garantia conceitual que Gaia vem interromper, e da maneira mais materialista possível. A resposta à sua intrusão não comportará, não pode comportar garantia alguma, pois Gaia é surda a nossas ideias.

Retomemos essa apropriação direta à qual os programadores souberam resistir, esses *enclosures* que deviam acabar com sua maneira peculiar de trabalhar e cooperar. Será que eles não nos remetem a outra dimensão do capitalismo, não concorrente à exploração, mas exigida por ela e, como tal, propagada ali onde novos recursos passíveis de exploração tornam-se imagináveis? Conforme a segunda narrativa que proponho, o que foi destruído com os *commons* não foram apenas os meios de vida de camponeses pobres, mas também uma inteligência coletiva concreta, ligada a esse comum do qual todos dependiam. É a uma destruição desse tipo que os programadores teriam sabido resistir. Eles já não seriam a figura anunciadora de um proletariado imaterial nômade, que encarna o caráter "social", comum das produções do imaterial. O "comum" que eles souberam defender *era o deles*, o que os faz pensar, imaginar, cooperar. Que esse comum tenha sido "imaterial" não muda grande coisa no caso. Trata-se ainda de uma inteligência coletiva, concreta e estabelecida no corpo a corpo com limitações tão críticas quanto limitações "materiais". O que eles souberam defender contra aquilo que pretendia dividi-los foi o coletivo formado a partir do desafio posto por essas dificuldades, bem diferente do conjunto indefinido daqueles que, como eu, utilizam, e até mesmo baixam, o que foi produzido por eles. Em outros termos, os programadores resistiram ao que pretendia separá-los do que *lhes* era comum, não à apropriação de um "comum à humanidade". Eles se definiram como *commoners*, ligados ao que faz deles programadores, não como nômades do imaterial.

A divergência entre as duas narrativas incide, portanto, sobre a questão da comunidade. Do ponto de vista da primeira, não há grande diferença entre os criadores de softwares e os simples utilizadores como eu – todos temos em comum essa linguagem nova, abstrata, que não pertence a ninguém, livre de amarras que dividem, opõem, provocam contradições. Do ponto de vista da segunda, o capitalismo "cognitivo" não se apropria do inapropriável, mas destrói (continua a destruir) o que constitui *comunidade*. O "comum", aqui, não tem de modo algum os traços de uma espécie de universal humano, garantia (conceitual) de um além das oposições. Ele é o que reúne *commoners*, o que com frequência se traduz por "usuários". Utilizo a informática, mas os criadores de softwares *seriam então seus usuários*, os que estão reunidos pelo que os faz pensar, imaginar, criar, de modo que o que cada um faz importa para os outros, é recurso para outros. E é enquanto tais, pois a economia do conhecimento atacava o que para eles "constitui comunidade", e não como precursores de uma multidão liberada de suas amarras, que eles teriam reivindicado o precedente dos *enclosures*.

Utilizar a palavra "usuário" para falar dos programadores que souberam resistir é, assim, situá-los na linhagem dos camponeses que outrora lutaram contra o confisco de seus *commons*, de forma que não se defina mais, como ponto de partida, esses camponeses como "pobres", e sim como comunidades. E é também associar essa resistência a uma criação política recente, o chamado "movimento de usuários". Chamou-se de "usuários" os consumidores de drogas ilícitas que juntos criavam uma expertise coletiva sobre esse consumo e pediam o reconhecimento de tal expertise pelos "especialistas". Aconteceu o mesmo com associações de pacientes diante de médicos e empresas farmacêuticas. Mas o termo também foi utilizado para falar daqueles que se reuniam em torno de um "comum", rio ou floresta, com o intuito de frustrar o diagnóstico sinistro da "tragédia dos comuns" e conseguir ensinar uns aos outros a não defini-lo como um meio para seus próprios fins, mas como aquilo em torno do que os usuários devem aprender a se articular. Em cada um desses casos, e existem muitos outros, o êxito do movimento se deve ao fato de aqueles inicialmente definidos como utilizadores se apoderarem de questões com as quais supostamente não deveriam se meter, e ao fato de o "comum", que era definido em termos de utilizações no mais das vezes rivais, *ganhar o poder* de obrigar a pensar aqueles que ele reúne, ou seja, a resistir a essa definição, a produzir proposições que ela teria tornado inconcebíveis. E a (re)aprender a arte de ter cuidado.

No entanto, não devemos ir rápido demais, pois a aproximação entre programadores e usuários logo encontra dificuldades que seria perigoso ignorar. Que eles tenham resistido ou não, os programadores sabem que são, como os outros

CAPÍTULO NOVE

cientistas ou os juristas, por exemplo, detentores de um saber reconhecido, que faz deles o que chamarei de praticantes. Em compensação, os consumidores de drogas não arrependidos e os membros de associações tais como Act Up criaram no mesmo movimento um saber coletivo e lutaram para que esse saber fosse reconhecido pelos praticantes e especialistas de renome. Claro que importa o fato de eles conseguirem provocar uma transformação nesses últimos, forçá-los a ter cuidado com dimensões não levadas em conta de uma situação, mas será que confundir sob o mesmo termo de "usuários" esses dois tipos de protagonistas não é introduzir uma ambiguidade quanto ao significado do termo?

Ressaltarei que minha questão não é "o que fazer diante da intrusão de Gaia?" – questão cuja resposta excede as forças de qualquer um de nós –, e sim "o que é preciso para tentar responder a ela de um modo que não seja bárbaro?". Tal resposta precisará com certeza da contribuição de cientistas, de técnicos, de juristas, mas não daqueles que trabalham sob o domínio da economia do conhecimento, tampouco daqueles que se definem, de um modo ou de outro, pelo desprezo pelas "pessoas". Por isso considero precioso o tipo de ambiguidade à qual acabo de chegar, ou, mais precisamente, à qual tanto a resistência dos programadores como a criação dos movimentos dos usuários me permitiram chegar. O fato de empregar o mesmo termo, "usuários", para praticantes que defendem o que os faz pensar e imaginar e para o conjunto heterogêneo dos que nos ensinam a pensar em torno de algo, de modo que nesse processo eles deixam de ser utilizadores disso, cria uma ambiguidade que não deve ser suprimida, mas explicitada. Suprimi-la seria dar uma solução já pronta para "as pessoas". Explicitá-la é torná-la uma dimensão das situações que reúnem, em torno de uma questão comum, representantes dos movimentos de usuários, praticantes e especialistas, uma dimensão que pertence à situação e não pode ser pensada independentemente dela.

Faço alusão aqui a uma dificuldade bem conhecida dos movimentos de usuários que conquistaram o direito de intervir nos debates técnicos de que eram excluídos. O momento de êxito relativo, momento em que se passa de uma posição de contestação a uma posição de parte interessada, é também o momento de todos os perigos. Aqueles que participam de tais debates devem, com efeito, para aprender a se dirigir aos praticantes e especialistas, aprender a conhecê-los, a avaliar seu saber, e essa necessidade é, no mais das vezes, fonte de sérias tensões. O engajamento em torno de uma causa comum é testado por uma divergência que pode se atualizar em conflitos pessoais. Às suspeitas sobre as ambições de uns – "Você está falando como eles, tornou-se um deles" –, responde-se com críticas quanto à falta de dedicação dos outros – "Será que a culpa é minha, se sou o único que se esforça? Vocês tinham mais é que...". Explicitar a ambiguidade não é resolver a dificuldade. Aqui não há solução geral, a única generalidade é *a necessidade de prever a tensão*, ou seja, notadamente, de estimular o engajamento comum dos saberes, narrativas e experiências, que, no momento certo, talvez permitam não cair na armadilha.

No entanto, não vou opor os praticantes, que seriam os verdadeiros profissionais, e os usuários, que seriam amadores desejosos de fazer valer suas objeções e sugestões, mas que se distanciariam quando se tratasse de participar plenamente da construção do problema. A questão das divergências de engajamento é também colocada do "lado dos praticantes".

Eles também podem se dividir, comportando-se como "profissionais" ou se mostrando capazes de reconhecer o caráter especializado de sua prática. No primeiro caso, os usuários terão que lidar com interlocutores que com certeza aceitarão considerar outras formas de entender objeções e sugestões, mas que já saberão como colocar o problema – os usuários intervirão, portanto, no nível da solução, não no da formulação do problema, e aqueles que entrarem nesse jogo decerto correrão o risco de serem separados dos outros, enredados em conflitos insuperáveis de lealdade. No segundo caso, não é impossível que eles, com os praticantes e na mesma qualidade que eles, contribuam para a construção do problema, a situação sendo agora definida em termos dos saberes, das exigências, das maneiras *heterogêneas* de ter cuidado que ela conjuga.

A intervenção dos usuários ativa, portanto, um contraste relevante quando se trata da contribuição daqueles que chamo de praticantes à resposta a ser criada diante da intrusão de Gaia. E esse contraste constitui, doravante, uma questão política tão importante quanto a distinção entre usuários e utilizadores. Quer se trate do utilizador ou do que é chamado de "verdadeiro profissional", estamos lidando com aqueles em quem os responsáveis da ordem pública e os empresários confiam por não hesitarem. Mas a questão dos praticantes tem uma dimensão complementar. Pode-se tornar um usuário, mas é preciso ser formado em uma prática. O que não significa uma hierarquia qualquer, mas traduz um pertencimento, o fato que o saber de um praticante, sua capacidade de participar da construção de um problema, remete à comunidade à qual ele pertence. Ora, a partir de agora é perfeitamente concebível um futuro em que a própria noção de prática poderia ser destruída, em que as ciências *produziriam apenas profissionais*, incapazes, como tais, daquilo que o encontro com os usuários exige.

Quando, há alguns anos, decidi questionar as ciências a partir do personagem do "praticante",[1] foi, em primeiro lugar, para resistir ao vínculo direto, tantas vezes estabelecido, entre as ciências e uma racionalidade universal neutra, mas também para anunciar a inevitável "desforra" que a pretensão a tal vínculo ia provocar assim que estudos um pouco sérios começassem a mostrar que as práticas científicas não obedeciam às famosas normas de racionalidade. Era preciso, para evitar jogar fora o bebê com a água do banho, tentar "falar bem" das práticas científicas (em todo caso, daquelas que nos ensinam algo novo sobre o mundo e sobre as coisas, ou seja, não de todas as ciências), descrever sua força própria, irredutível a relações sociais gerais, e desvincular essa força de qualquer conexão com uma racionalidade que faltaria aos não cientistas. Por isso tentei caracterizar os praticantes cientistas (em contraste com aqueles que servem à Ciência) como reunidos por um "comum", ou seja, por uma "causa": eles seriam *engajados por um tipo de êxito*, próprio a cada campo, *cuja eventualidade obriga aqueles que pertencem a esse campo*, os força a pensar, a agir, a inventar, a objetar, ou seja, a trabalhar juntos, uns dependendo dos outros.

Hoje, é preciso constatar que os cientistas não inventaram, à maneira dos programadores, um meio de resistir aos *enclosures*, que são também seu quinhão sob o regime de economia do conhecimento. Já se pode sentir, com os muitos casos de conflitos de interesses, que o preço que se paga por isso é o de uma perda de confiabilidade: quando se descobre que um

1 Práticas e praticantes são introduzidos em meu *Cosmopolitiques* (Paris: La Découverte, 1996-97) e considerados na perspectiva de uma ecologia das práticas em *La Vierge et le neutrino*, op. cit.

cientista, apresentando-se como "especialista" em uma questão, se beneficia com subvenções de uma indústria interessada nessa questão. Mas, até mesmo quando não há conflito direto, a situação de dependência basta para destruir a confiabilidade, pois ela dissolve a obrigação de trabalhar em conjunto. *Pode-se "ter êxito" de outra maneira, por meios bem diferentes*. E teremos que lidar, então, com "verdadeiros profissionais", que não hesitam e já não temem as objeções de seus colegas. Pois, quando todos são dependentes, todos ligados por parcerias à indústria, ninguém terá vontade de "cuspir na sopa", de fazer pesquisas que enfraqueçam a legitimidade da situação de todos. Não é preciso trapacear, basta evitar trabalhar demais sobre questões que incomodam e se concentrar naquelas para as quais as subvenções e os incentivos públicos abundam. Ainda que, aliás – é o caso com as nanotecnologias –, se passe de uma economia do conhecimento a uma economia da promessa. Nesse caso, os cientistas, já sem receio de objeções por parte de seus colegas, prometem mundos e fundos, uma nova revolução industrial, uma nova era onde o Homem domina não mais a "matéria", mas os átomos, um a um, para agenciá-los como quiser; e as indústrias, como também os poderes públicos, seguem em uma ronda algo obscena, onde já não se sabe quem acredita, quem é enganado, quem manipula...

O que está acontecendo com a economia do conhecimento traduz bem a associação que tento fazer entre os *enclosures* e a destruição de práticas como a produção de inteligência coletiva, e isso em prol de especialistas que se conduzirão como "verdadeiros profissionais" e rirão diante da simples hipótese de que a ciência deles possa ser algo diferente da aplicação competente de métodos instrumentais cada vez mais sofisticados.

Mas o que será destruído não são apenas as comunidades de praticantes, reunidos por uma causa que os faz pensar, imaginar, objetar. O que distingue, efetivamente, o praticante do profissional é também a capacidade de perceber a diferença entre as situações e questões que "constituem comunidade", que a causa que reúne sua comunidade torna importante, e aquelas onde seu saber pode ser útil e até mesmo necessário, mas é incapaz de definir "a boa maneira de formular o problema". Decerto essa capacidade não foi realmente cultivada pelas comunidades científicas e pelos modos de formação para a prática, é o mínimo que se pode dizer. Mas ela constitui um recurso que vai desaparecer com o triunfo dos profissionais, e ela é crucial quando se trata da reunião de saberes, exigências e preocupações heterogêneas em torno de uma situação de que ninguém pode se apropriar.

A intrusão de Gaia, na perspectiva em que ela questiona nossa capacidade de criar respostas que não sejam bárbaras, dá um alcance terrível à destruição das "causas comuns" que associei aos *enclosures* de ontem e de hoje. E dá um sentido crucial à dupla distinção que propus, entre utilizadores e usuários e entre profissionais e praticantes. Trata-se de aprender a resistir à musiquinha nojenta que sussurra que "as pessoas" são assim ("egoístas, submissas a seus hábitos de pensamento etc."), essa musiquinha cujo tema é o que os intelectuais chamam de "servidão voluntária" – sempre a dos outros, é claro. Não, a transformação dos usuários em utilizadores (egoístas) ou dos praticantes em profissionais (submissos) não revela que "as pessoas" se deixam sempre levar pela facilidade. Ela revela a destruição do que agrupa e faz pensar. Mas adotar essa perspectiva é também assinalar que a resposta à intrusão não será aquela que uma humanidade enfim reconciliada, reunida sob o signo de uma boa vontade geral poderia dar, mas depende do repovoamento de um mundo hoje devastado pelo confisco ou pela destruição das capacidades coletivas e sempre estabelecida de pensar, imaginar e criar.

Desse ponto de vista, o que importa é o que o acontecimento OGM soube produzir: soube fazer com que nossos responsáveis titubeassem, com que se desestabilizassem as evidências com as quais eles contam para conduzir seu rebanho para um futuro que eles próprios são incapazes de conceber. A questão de saber como eles poderiam fazer de outra maneira, sem palavras de ordem com vocação anestésica, é outra história, que ainda não é a nossa. O que sabemos desde já é que a história, as histórias pelas quais se poderia criar uma resposta a Gaia não passam pela tomada do Palácio de Inverno ou da Bastilha. Não se trata de uma recusa de tipo "moral": recusar tomar o poder a fim de manter as mãos limpas. A questão é mais técnica: "tomar o poder" supõe que um governo o tem, que ele pode trair o papel que o capitalismo o faz desempenhar. Como *ter poder* é sem dúvida uma questão melhor, mas a resposta passa então por uma dinâmica de engajamentos produtores de "possíveis", uma dinâmica que acaba com o sentimento de impotência coletiva sem fazer com que ele caia no terrível "Juntos tudo se torna possível!".

Quebrar o sentimento de impotência não tem, efetivamente, nada a ver com o correlato da impotência: o sentimento de onipotência, o culto de poderes ocultos que só pediriam a libertação, o sonho abstrato do dia em que, enfim, "o povo estará nas ruas". Se não se trata apenas de reapropriação das riquezas produzidas pelo trabalho, o povo nas ruas deveria ter experimentado concretamente o que é necessário para nos reconectarmos com aquilo de que fomos separados, para nos reapropriarmos da capacidade de fabricar nossas próprias questões, e não para responder às questões, sempre ardilosas, que nos são impostas. Nunca fabricamos em geral, e nunca somos capazes em geral.

No entanto, não quero renunciar à imagem do povo nas ruas, pois é uma imagem de emancipação que pode ser desvinculada da grande perspectiva épica. Afinal, antes que nossas cidades sejam reconfiguradas conforme os imperativos de uma circulação sem fricção, purificadas das ameaças à ordem pública que aglomerações e misturas sempre podem constituir, o povo estava nas ruas... Mas para impedir que essa imagem se torne um veneno, sonho abstrato, talvez convenha transformar a imagem do que é uma rua. As grandes avenidas que conduzem aos lugares de poder poderiam ser substituídas por um labirinto de ruelas interconectadas, ou seja, por uma multiplicidade de agrupamentos em torno daquilo que força a pensar e a imaginar conjuntamente, em torno de causas "comuns", nenhuma delas tendo o poder de determinar as outras, mas cada uma delas pedindo que as outras recebam esse poder de fazer com que aqueles que foram agrupados pensem e imaginem. Pois, se isolada, uma causa sempre corre o risco de ser desmembrada de acordo com os diferentes interesses preexistentes. E corre o risco também de suscitar um fechamento do coletivo sobre si mesmo, com este definindo então seu meio segundo os termos de suas próprias exigências, não como aquilo com o que se deve criar vínculos. É o que aconteceu com as comunidades científicas. Em suma, uma causa que recebe o poder de agrupar não deve pedir que seja definida como boa, inocente ou legítima, mas deve ser tratada com a lucidez que toda criação requer.

CAPÍTULO DEZ

É possível que se tenha franzido o cenho com a perspectiva que acabo de abrir. Afinal, meu exemplo relativo às ciências tem dois gumes. Não foi bem antes de a economia do conhecimento entrar em cena que os cientistas fizeram alianças privilegiadas com as indústrias, o Estado e o Exército? E não contribuíram, ao menos desde o século XIX, para o tipo de "desenvolvimento" que nos vale a intrusão de Gaia? Não utilizaram sua autoridade para que não se levassem em conta as consequências indesejáveis ou ameaçadoras desse desenvolvimento, em nome de progressos futuros que reparariam os danos, ou, de modo ainda mais simples, como o preço a pagar pelo progresso? Em outros termos, eles não propõem o exemplo do que acontece quando se obedece não ao interesse comum, e sim aos seus próprios, fossem eles os de uma prática?

Pode-se retorquir, decerto, que os cientistas compartilharam, no que não dizia respeito a suas próprias práticas, da grande confiança majoritária (majoritária entre aqueles que se sentiram habilitados a falar em nome da humanidade...) quanto ao irresistível elã do Homem prometeico, daquele que ultrapassa os limites e ignora as proibições. Mas a objeção vai mais longe, pois, com o exemplo dos cientistas, o que faz franzir o cenho é a maneira que eu proponho de associar os comuns com uma capacidade de resistência, com a possibilidade de reapropriação das capacidades de pensar e de agir conjuntamente. Será que a vulnerabilidade dos cientistas à grande narrativa da qual eles próprios eram os heróis, que fazia deles o cérebro coletivo da humanidade, não demonstra que confio com muita facilidade na inteligência coletiva, a que caracteriza os praticantes ou usuários? Claro, vivemos em um verdadeiro cemitério de práticas e saberes coletivos destruídos, mas será que, por isso, temos que manter uma visão idílica desses *commoners* agrupados por um comum e em torno dele? Será que não devemos temer reflexos corporativistas? Em suma, será que não caí na ilusão típica, constantemente denunciada pelos marxistas, de uma capacidade de resistência espontânea que não precisa nem de bússola, nem de teoria e na qual seria preciso confiar?

A objeção é importante e preciso salientar que a perspectiva que tento relacionar ao tema dos *enclosures* – a de um capitalismo que não é unicamente uma questão de exploração, mas que requer, e está sempre propagando, uma operação de destruição – *não significa* que aqueles que chamei de praticantes ou aqueles que se autodenominam usuários ofereçam enquanto tais qualquer garantia de confiabilidade.

Com efeito, os que objetam poderão alinhar os exemplos mais desastrosos. Eles poderão evocar a armadilha preparada para os trabalhadores, quando foram associados aos "círculos de qualidade" do tempo (já) de outrora, em que se tratava de pensar conjuntamente como cada um poderia contribuir para a "causa comum" que o bem da empresa constituiria. Poderiam evocar também as razões pelas quais os sindicatos que representam os trabalhadores do serviço público desconfiam de qualquer aliança com os "usuários", sabendo que estes podem facilmente propor "reformas" que, em detrimento dos trabalhadores, abalariam relações de força estabelecidas a duras penas. Podemos também pensar, em outro registro, nas associações de pacientes que acabaram se tornando os melhores aliados de uma empresa farmacêutica, exigindo que fosse reconhecido como "verdadeira" doença um desvio da norma (a hiperatividade, por exemplo) para o qual essa empresa propunha uma medicação. Mas, sobretudo, podemos ver se perfilar a questão mais geral do desmantelamento do político em prol de uma governança pelos *stakeholders*, por aqueles que têm um interesse (uma parte) em determinada situação. Será que não podemos ouvir na surdina, apesar do meu belo aval, o grande refrão dos *stakeholders*, "Que morram os outros, que desapareça o conjunto de regras que visa evitar o aprofundamento das desigualdades, exigimos poder acionar todos os nossos trunfos em uma competição 'livre e não fraudada'", credo da Comunidade Europeia?

Em suma, evocar os *commoners*, praticantes ou usuários, aqueles agrupados por uma "causa comum", os que têm que se entender em torno daquilo de que todos dependem, embora de maneiras diferentes, *é, efetivamente, perigoso*. E o primeiro perigo é o de evocá-los como aquilo que seria, espontaneamente, uma fonte de alternativas inéditas, permitindo resistir ao controle capitalista do futuro – poderíamos até mesmo ver nisso uma nova versão da oposição fascistizante entre o "país real", perfeitamente apto a ter seu futuro nas mãos, e o círculo daqueles que confiscam seu poder de agir e de se autodeterminar. Qualquer ingenuidade na matéria seria desastrosa.

No entanto, é preciso também resistir ao "e portanto...", que se segue rápido demais à desqualificação daqueles que anunciam a boa-nova, a descoberta da capacidade humana de se auto-organizar, recurso oculto que resolverá tudo. Pois esse "e portanto" lança descrédito sobre as tentativas experimentais, sempre laboriosas, às vezes desastrosas, que procuram produzir efetivamente essa organização. Tanto os arautos da boa-nova quanto os céticos e os inquietos, que usam como argumento perigosas derivas às quais tais tentativas são vulneráveis, contribuem para enfraquecê-las, como um meio doentio que infecta aqueles que tentam viver ali.

Defenderei que a questão dos *commoners* precisa, de modo crucial, de uma versão particular da arte de ter cuidado. Trata-se da arte do que os gregos chamavam de *pharmakon*, que se pode traduzir por "droga". O que caracteriza o *pharmakon* é, a um só tempo, sua eficácia e sua ausência de identidade: ele pode ser, conforme a dosagem e o uso, tanto veneno quanto remédio. Acontece o mesmo com o cuidado que pode ser suscitado pelos movimentos dos usuários: o tipo de cuidado criado por seu "meio" é capaz de os alimentar ou envenenar. E a mesma incerteza "farmacológica" prevalece a propósito do que tais movimentos podem produzir. Que eles "podem ser perigosos" é óbvio – qualquer *pharmakon* pode ser perigoso. É o *valor de objeção* desse enunciado que é importante colocar em suspenso ao se fazer referência à instabilidade do *pharmakon*, remédio ou veneno.

Quando um responsável vocifera "mas isso pode ser perigoso!" – e é por essa vociferação que reconhecemos que ele se considera efetivamente responsável –, ele herda, com esse "mas", uma história em que a instabilidade do *pharmakon* foi incessantemente utilizada para condená-lo. Uma história em que incessantemente se privilegiou o que oferece, ou parece oferecer, as garantias de uma identidade estável, que permite ignorar a questão do cuidado conveniente, do aprendizado das dosagens e da maneira de preparar. Uma história em que a questão da eficácia foi incessantemente subjugada, reduzida à das causas que deveriam explicar seus efeitos.

O ódio pelo *pharmakon* vem de muito longe. Pode-se, se for o caso, fazer com que ele remonte a Platão, que definiu a filosofia pela exigência dessa estabilidade contra seus rivais sofistas, capazes do melhor e do pior. Ou então ao monoteísmo cristão, criador de um Deus intrinsecamente bom. Ou então à questão do poder de julgar, que precisa abstrair das circunstâncias. Ou ainda à paixão de reconhecer o verdadeiro pretendente contra os impostores, paixão que alimenta uma determinada sede de verdade. Nossa história está, de qualquer modo, saturada por diversas versões de uma obsessão: a de ignorar o *pharmakon* em prol daquilo que oferece a garantia de escapar de sua odiosa ambiguidade. E não é essa oferta a própria sedução daquilo que, suscitando a imprudência de um uso desenfreado, terá a eficácia de um veneno?

Retornemos, desse ponto de vista, ao contraste entre a resposta que os programadores souberam dar à operação de *enclosure* que os ameaçava e o ressentimento passivo da maioria daqueles, entre os cientistas, que ainda não abraçaram a causa da economia do conhecimento. Contraste ainda mais intrigante pelo fato de o caráter cooperativo da pesquisa científica ter servido de referência aos programadores. Por que eles conseguiram não apenas defender sua capacidade de cooperar, mas também pensar e inventar vínculos com os utilizadores que, como eu, contam doravante com as possibilidades de baixar livremente um programa que responderá à sua necessidade? Por que os cientistas se associaram preferencialmente ao Estado e à indústria e definiram o resto em termos de falta (de conhecimento e de racionalidade), de tal modo que, no momento em que seus aliados começaram a subjugá-los, eles se viram incapazes de imaginar uma possibilidade de resistir?

Pensar em termos farmacológicos, aqui, é colocar a questão não da identidade das ciências, *mas da diferença dos meios* dessas duas práticas, dos meios que não são apenas "exteriores", mas que incluem a maneira pela qual o praticante avalia suas relações com eles. O acontecimento que o "nascimento das ciências modernas" constituiu é significativo, desse ponto de vista. No entanto, encontramos ainda hoje autores, no mais das vezes interessantes, que continuam a repetir a seguinte asneira: se a Europa pôde aprofundar a diferença, especialmente em relação à China, foi porque ela descobriu o poder da racionalidade científica e pôde assim identificar as leis da natureza. O êxito da operação de propaganda iniciada por Galileu, e que ainda infecta a imaginação tanto dos cientistas como dos não cientistas, poderia muito bem ser devido ao fato de a propaganda em questão quase não ter autor. A novidade prática efetivamente associada à prova experimental teria encontrado um meio preparado para esse tipo de acolhida. Por mais raros que sejam os fatos ditos "experimentais", capazes de mostrar com clareza como devem ser interpretados, essa capacidade teria reativado o velho ódio pelo *pharmakon*, pela opinião instável, pelas interpretações indecidíveis. Uma relação enfim racional com o mundo tinha sido criada!

O que constituiu acontecimento seria, então, menos a novidade do êxito experimental do que a satisfação de uma exigência bem mais antiga, a exigência de que uma verdade se imponha, quer dizer, de que seja capaz de manifestar sua diferença em relação a seus rivais. Não é de surpreender, por conseguinte, que o "não está provado" tenha rimado tão facilmente com o "não merece ser levado em conta", e até mesmo que a suspeita de irracionalidade tenha começado a pesar sobre aqueles que se interessam por aquilo "que não está provado".

Por outro lado, pode-se dizer que a prática dos programadores foi desde o início colocada sob o signo do saber que o que eles produziam podia ser remédio ou veneno, sob o signo, notadamente, de um futuro possível regido por um Big Brother. E esse contraste tem por correlato a singularidade da história das inovações práticas da informática. Trata-se de um caso raro onde as questões técnicas, culturais, sociais e políticas se uniram intimamente. Um caso ainda mais notável pelo fato de essa história estar ancorada em um desenvolvimento militar. Não se trata, com efeito, de esquecer que a informática está mancomunada com a guerra e que ela é hoje, mais do que nunca, instrumento de controle, de repressão e de exploração. Mas devemos o fato de ela não ser *apenas isso* à particularidade de seus praticantes nunca terem considerado que sua técnica era inocente, de nunca terem dito que a responsabilidade da escolha de uma boa ou má utilização dela era política (ver o famoso argumento invariavelmente sacado pelos cientistas: será que a culpa é de quem inventou o machado se ele for usado para matar?).

A abordagem farmacológica não permite colocar a questão "de quem é a culpa?", de proceder a uma distribuição da culpa e da inocência. Os programadores que souberam resistir não são "melhores" do que os cientistas que não o puderam. Mas ela propõe pensar "pelo meio". E o caso dos cientistas mostra que um meio obcecado pelo estabelecimento de uma distinção estável entre remédio e veneno é um meio que envenena, e até mesmo destrói. Quantas tentativas foram desqualificadas porque não podiam oferecer garantias que ninguém deveria ser capaz de oferecer! Quantos juízos brutais foram feitos contra o que, frágil e precário, pedia para ser alimentado e protegido!

Seja como for, o tempo das garantias acabou, esse é o primeiro sentido a ser conferido à intrusão de Gaia. O que não significa que é tudo igual, suspiro resignado ou grito de horror, expressando ainda e sempre a busca de um valor dotado do poder de denunciar seus rivais, que não passam de imposturas.
O que significa que aquilo que vale deve ser, em primeiro

lugar, definido como vulnerável, e que, por definição, serão vulneráveis as dinâmicas da criação de saberes, lutas e experiências que darão resposta à intrusão – cada uma insuficiente em si mesma, mas importante por suas eventuais repercussões, uma vez que pode suscitar outras criações.

Uma resposta não é redutível à simples expressão de uma convicção. Ela se fabrica. Bem-sucedida ou fracassada. Nenhuma maneira de responder tem que proclamar uma legitimidade que transcende as circunstâncias, que pede reconhecimento por parte de todos, que sonha ou exige que todos a aceitem como determinante. Mas nenhuma pode tampouco ser condenada por talvez ser vulnerável a uma deriva perigosa. Ao contrário, a arte do *pharmakon* propõe àqueles que diagnosticam que "poderia ser perigoso" que eles reconheçam que a objeção os engaja, os torna partes integrantes do processo de fabricação. Se eles querem ignorar que são parte integrante, eles o serão como juízes e contribuirão para um meio hostil ou irônico, mas eles também podem fazer isso como aliados, com as seguintes questões: "Como podemos contribuir para evitar este perigo?"; "Como nos unirmos contra aquilo que vai se empenhar em dar razão a nosso diagnóstico?"; "Como podemos 'constituir meio' de maneira a ajudar o que se põe em risco na existência?".

Só existe uma única certeza, de que o processo de criação de "possível" deve fugir de um modo utópico como o diabo da cruz, e que apela para a superação dos conflitos, que propõe um remédio cujo interesse todos deveriam respeitar. A única generalidade consistente é que *qualquer criação deve incorporar o saber de que ela não se arrisca em um mundo amigo, e sim em um meio doentio*, de que ela terá que lidar com protagonistas – o Estado, o capitalismo, os profissionais etc. – que se aproveitarão de qualquer fraqueza e que acionarão todos os procedimentos possíveis de envenená-la ("recuperá-la"). E isso, por exemplo, reconhecendo os usuários de maneira a transformá-los em *stakeholders*, criando situações que dividem aqueles e aquelas que procuram cooperar, exigindo garantias inoportunas ou fabricando alternativas infernais que desmembram o que procurava criar sua própria posição.

Já salientei que a intrusão de Gaia perturba a ordem das temporalidades. A arte farmacológica é convocada porque o tempo da luta não pode deixar para "depois", quando não houver mais perigo, o tempo da criação, o tempo em que os homens poderão aprimorar – vida, pensamento e alegria – suas capacidades criadoras e conjugar seus esforços em benefício de todos. Mas ela é requerida também porque aqueles que procuram criar não podem fazê-lo inocentemente, acusando aqueles que lutam de querer "tomar o poder" quando eles próprios saberiam virar as costas para essa ambição. Os tempos da luta e da criação devem aprender a se conjugar sem confusão, por revezamento, prolongamentos e aprendizados recíprocos da arte de ter cuidado, sob pena de se envenenarem mutuamente e deixarem o campo livre para a barbárie que se aproxima.

CAPÍTULO ONZE

Conjugar luta e criação sem confusão soa muito bem, talvez até demais. Meu projeto, ao escrever este ensaio, não é propor perspectivas que pedem adesão, e sim procurar colocar em palavras, e talvez em pensamento, a forma pela qual aquilo que nomeei a "intrusão de Gaia" põe nossas perspectivas à prova. Trata-se, portanto, de suscitar algo bem diferente da adesão – é preciso, antes, que haja ruído, resistência, protesto. Por isso, aliás, há algo da ordem da provocação deliberada em minha escolha de nomear Gaia, de designá-la como uma forma inédita, ou esquecida, de transcendência. Trata-se de uma provocação que não busca escandalizar, daí minhas precauções e explicações, mas que pretende suscitar um mínimo de perplexidade ou incômodo. Assim, alguns podem se perguntar por que, se o que nomeei Gaia não nos pede nada, se não se trata de culto ou de conversão, lhe dar esse nome? Por que empregar esse termo "transcendência"?

O que se expressa nessa perplexidade ou nesse incômodo pode ser chamado de "receio de uma regressão", e esse receio é vivaz, até mesmo entre aqueles e aquelas que "já não acreditam no progresso": há coisas, em nossa herança, que não se devem renegar. Mas é aqui que precisamos ter cuidado. O receio ao qual responde a recusa de renegar é o receio de *si mesmo* ser tentado a renegar? Ou será o receio de que *outros* possam ser levados a renegar? – o que é algo bem diferente.

A distinção que acabo de fazer implica uma prova propriamente farmacológica. Recear "pelos outros" é manter a posição de "cabeça pensante" da humanidade, pensando no lugar e em nome daqueles que seriam vulneráveis a tentações das quais devem, portanto, ser protegidos. Retomarei mais adiante esse receio que considero um veneno, que se deve aprender a reconhecer e ao qual é importante resistir. Antes, porém, quero me dirigir ao receio da regressão que acomete a perplexidade dolorosa daquele ou daquela que se pergunta se, apesar de meu aval, não o estou incitando a trair aquilo a que é importante se manter fiel.

Para mim, é impossível falar pelos outros sobre aquilo a que eles pretendem ser fiéis. Falarei, portanto, por mim, que me recuso a dar as costas a este momento importante da história europeia que se chama a "Idade das Luzes", momento em que se difundiu um gosto pelo pensamento e pela imaginação enquanto exercícios de insubmissão, onde foi forjado um tipo novo de vínculo entre vida e "possíveis". Não quero renegar essas Luzes, e não quero ter nada a ver com aqueles que negam o acontecimento em nome de seus limites e suas ambiguidades.

Considero-me, portanto, filha das Luzes. Mas cabe a quem se situa como herdeiro desse acontecimento colocar a questão de *como* ser seu herdeiro, ou seja, de como evitar viver de seu patrimônio, ser representante de um "conhecimento adquirido" ao qual não se poderia retornar, salvo em regressão. Ou ainda, de como herdar o riso insolente, a audácia de um Diderot contra esse "espírito científico" que pretende ser também herdeiro das Luzes, mas em nome do qual se faz com que os insolentes se calem. E, sobretudo, de como *tratar*, no sentido farmacológico do termo, o que desde as Luzes se reconhece como o remédio por excelência contra as errâncias da humanidade, o "espírito crítico".

Compreendam bem, trata-se de contestar não a utilidade da crítica, nem mesmo sua necessidade, e sim sua identificação com um remédio, ou seja, *sua transformação em um fim em si mesma* –

um fim em si mesma que nos distinguiria entre todos os povos, nós, os herdeiros das Luzes. Foi essa transformação que consagrou o grande gênero épico em que o Homem torna-se adulto, toma em mãos seu próprio destino e se livra do jugo das transcendências ilusórias. A aventura das Luzes tornou-se, então, uma missão: a um só tempo, um combate sem piedade contra os monstros que nos incitam incessantemente à regressão e um mandato de ter que "levar a luz" lá onde reina a obscuridade.

Quero tentar fazer com que aqueles e aquelas que se sentem engajados nesse combate hesitem, mas antes salientarei que ele não é muito arriscado em nossos países, aqueles que se dizem "modernos" e onde é agora extremamente raro que o herói crítico suscite um feroz levante de escudos por parte daqueles cujas ilusões ele está determinado a destruir. É isso, aliás, que mostra que o exercício crítico se tornou o passatempo favorito dos universitários – de pouco renome, contudo, por sua coragem – e um caminho bem balizado rumo à carreira para os iniciantes cujas teses derrubam cada vez mais, na indiferença e na exaustão gerais, as crenças que supostamente nos dominam. Isso mostra também a excitação ruim provocada eventualmente por situações que permitem àqueles que deveríamos chamar de os "beneficiários das Luzes" fazer pose heroica por terem provocado raiva ou ódio. Nosso "direito de blasfêmia" está em perigo, nos dizem. A questão não é defender as reações de ódio, mas salientar a falta de dignidade desse direito supostamente adquirido: blasfemar nunca quis dizer insultar as crenças dos outros distantes, mas as de nossos próximos, às vezes as nossas próprias, ou seja, correr o risco da rejeição, da exclusão, da denúncia.

Seria fácil dizer que corro esse risco de rejeição por parte daqueles que me acusariam de favorecer a regressão ou a desmobilização em um mundo onde os inimigos-das-Luzes-levantam-a-cabeça. Mas esse tipo de observação não faz sentido, na medida em que eu me dirijo aqui àqueles e àquelas que imagino hesitarem, se perguntarem se renegar a potência da crítica, sua capacidade de destruir a ilusão, não é renegar a única defesa que temos nesse mundo onde os ilusionistas proliferam.

Em compensação, é possível compartilhar com aqueles e aquelas que hesitam na questão imposta por esta época, em que é a própria possibilidade do progresso que está guardada no baú das ilusões perdidas. A barbárie que poderia muito bem definir o futuro, não será ela o que designará como ilusão enfim dissipada o que fez com que aqueles e aquelas cujas lutas não queremos renegar tivessem esperanças e vivessem? Não é dela que temos mais do que uma pequena amostra hoje, quando o domínio do capitalismo, entretanto despido de suas pretensões a trazer o progresso, está mais forte do que nunca? Escrevemos, em *La Sorcellerie capitaliste*, que, "se o capitalismo tivesse que ser posto em perigo pela denúncia, ele já teria morrido há muito tempo".[1] Ao que eu acrescentarei que a barbárie não teme a crítica. Ela se alimenta bem mais da destruição daquilo que, retroativamente, aparece como sonho, utopia, ilusão, como aquilo a que a "realidade" impõe renunciar. Ela triunfa quando tudo isso provoca risos ou suspiros.

No entanto, o argumento seria insuficiente se tivesse que ser entendido em termos de tolerância, de necessidade de suspender a arma crítica a fim de permitir a todo tipo de crenças arcaicas ou *new age* alimentar a resistência a essa "realidade". Por isso é preciso ir um pouco mais longe e questionar a imagem da ilusão a que se relaciona a herança das Luzes: a ilusão seria o que encobre a luz, o que nos separa da verdade.

De que verdade se está falando depende do porta-voz, mas o ponto de convergência é a

1 *La Sorcellerie capitaliste*, op. cit., p. 20.

necessidade imperiosa de dissipar as nuvens, de "desencobrir", "desmistificar", "não se deixar enganar". Ora, o que pode impressionar, ao menos em nossos países "modernos", é a falta de resistência, a quase resignação daqueles que supostamente encarnariam o que nos separa da verdade. Como se eles próprios soubessem do caráter quase inelutável de sua derrota. O único grito que se eleva, às vezes, é um lamentável "está indo rápido demais! Não estamos prontos!", como foi o caso, na Bélgica, da adoção por casais homossexuais. O protesto "isso não pode acontecer, nunca acontecerá" provoca uma curiosidade um pouco voyeurista, e atinge-se a infâmia quando os defensores da tradição se sujeitam a apelar para argumentos "psicanalíticos" para defender suas convicções.

Trata-se aqui de pensar a partir do fato de que a crítica, longe de ser um combate heroico, parece agora redundante, como se apenas ratificasse *algo que aconteceu antes dela* e que já operou, como se ela intensificasse uma operação de destruição prévia. Talvez seja por isso que nada, ou pouca coisa, volte a brotar onde a ilusão foi destruída – como se aqueles que se vangloriam de ter triunfado sobre ela tivessem se limitado a arrancar a relva já morta ou moribunda, aniquilada por um solo envenenado.

Assim, quando ressoa o eterno refrão, "Vocês acham que isso 'existe', no sentido em que isso teria direito de se impor a nós, mas isso não passa na verdade de uma construção 'social'", não se produz nenhum sentido de "possíveis" repentinamente liberados. Tudo parece dito, mas nada é produzido. O adjetivo "social", de uma generalidade desesperadora, rima no mais das vezes com "arbitrário", com o que poderia também ter sido diferente. É claro que isso significa também o que está, por conseguinte, disponível à mudança – mas a que mudança?

E, sobretudo, "quem", desde o século XIX, tem interesse em que nada resista à mudança? O que essa generalidade do tudo é "social" traduz senão a resultante de uma operação de equivalência generalizada? Também quer dizer a destruição do que importava de modo irredutível a uma generalidade, do que exigia não um status de exceção, mas a consideração de sua maneira peculiar de divergir em relação à regra geral.[2] E o que é chamado "sociedade" não é, então, aquilo que não tem proteção contra as operações de redefinição pelas categorias estatais e de produção de alternativas infernais pelo capitalismo?

Não nego que o adjetivo "social" pôde ter um sentido eminentemente positivo e construtivo quando foi usado pelo movimento operário, na época em que esse aprendia, ativa e sabiamente, a se meter no que supostamente não lhe dizia respeito, a criar relações de cooperação, solidariedade e mutualidade, a explorar o que podia significar educação "popular" e não "pública" (estatal). Mas o fato de hoje a crítica poder chegar à tristeza do "é apenas uma construção social" marca o fim desse momento intensamente "construtivista". O adjetivo "social" esvaziou-se quando a ordem pública foi restabelecida e o Estado se encarregou do que tinha sido criado e o submeteu às suas categorias. E não é o trabalho imaterial, tido imediatamente como social, que dará novamente um sentido positivo ao adjetivo, que é honrado precisamente por ser abstraído do que agrega os homens, do que produz relações não intermutáveis.

2 É preciso entender "divergir", aqui, no sentido em que eu o associo, em *La Vierge et le neutrino*, a uma ecologia das práticas consideradas heterogêneas, que se deve distinguir das perspectivas de hierarquia ou de contradição; a maneira de divergir de uma prática, de um modo de vida ou de um ser designa o que é importante para eles, e isso num sentido não subjetivo, mas constitutivo – se não conseguem fazer o que é importante para eles ter importância, eles serão mutilados ou destruídos.

Talvez possamos dizer que a crítica, que claramente foi um remédio, tornou-se um veneno, pois não soube defender a verdade própria ao que é construído, ao que consegue suportar e fazer com que se suporte, ao que é fabricado e tem, no entanto, o poder de uma "causa", que faz com que os que a fabricaram pensem, ajam e sintam.[3] E talvez ela não o tenha sabido por causa de sua ancoragem histórica na Ciência, na referência ao progresso científico que substitui as crenças humanas por uma verdade corrosiva, expulsando do mundo aquilo com que os homens, enfim na "idade da razão", não tinham mais o que fazer. Será que a crítica, quando celebra a destruição do que agrega como progresso da razão – sem aceitar que o que agrega possa ser o que faz pensar –, não segue, efetivamente, o caminho da Ciência, descobrindo a explicação social atrás das aparências? Até que, ao longo dessas últimas décadas, ela passe a se interessar pela própria Ciência e descubra que também esta última podia ser relacionada a uma forma de ilusão, a uma "construção social" como as outras.

E, claro, a crítica tinha muito o que fazer, pois os cientistas não disseram nada além da verdade, e toda a verdade, sobre o que fazia deles praticantes: era a condição para que seus êxitos fossem apresentados como "morais", representativos do progresso geral da razão, mas também para que fossem aceitos os juízos de todo tipo que se pediram

3 Foi o que Bruno Latour, também combatendo o (des)construtivismo social, chamou de "fe(i)tiches" [combinação de "feito" (*fait*) e "fetiche" (*fétiche*), em francês, *faitiches* (N.T.)], respondendo assim ao antifetichismo que continua denunciando aqueles que atribuem uma existência ao que não passa de construção. Ver Bruno Latour, *Petite réflexion sur le culte moderne des dieux faitiches*. Paris: Les Empêcheurs de Penser en Rond, 1996 [ed.bras.: *Reflexão sobre o culto moderno dos deuses fe(i)tiches*, trad. Sandra Moreira. Bauru: Edusc, 2002]; e os capítulos 4 e 9 de Bruno Latour, *L'Espoir de Pandore*. Paris: La Découverte, 2001 [ed.bras.: *A esperança de Pandora: ensaios sobre a realidade dos estudos científicos*, trad. Gilson César Cardoso de Sousa. Bauru: Edusc, 2001.]

à Ciência, separando o que deve ser levado em conta do que é apenas subjetivo. Se o que foi chamado de "guerra das ciências" pôde, no fim do século XX, pôr em cena a denúncia da leitura crítica das ciências por cientistas furiosos, foi porque eles próprios eram ourives na matéria. Sabiam que a crítica relacionava seus saberes àquilo a que eles próprios sempre relacionaram tudo o que "não é científico", ou seja, a uma simples "construção social". No entanto, essa mesma guerra sem dúvida faz parte do passado. Com a economia do conhecimento, a crítica poderá trabalhar com toda redundância. Para as novas gerações de pesquisadores "profissionais", habituados doravante com a determinação de ter que se interessar pela indústria, a própria ideia de um êxito, que impõe critérios de confiabilidade mais exigentes do que aquilo que a parceria e o registro de patente pedem, aparecerá, sem dúvida, como uma ilusão romântica pertencente ao passado.

Hoje, o herói da epopeia crítica tornou-se pós-moderno. Separado de sua referência à Ciência e concluindo pela terrível relatividade de todas as coisas, ele erra por uma triste galeria de espelhos. A emancipação parece se resumir à interminável tarefa – e aparentemente ainda mais sagrada pelo fato de ser interminável – de destruir cada reflexo, e sempre com o mesmo refrão, "é construído!". A menos que um novo sagrado seja postulado – direitos do homem, democracia –, cuja abstração vazia desafia a crítica. Como se critica um postulado? Daqui para a frente, a crítica está em situação de levitação, o que, aliás, é celebrado por alguns como derradeira lucidez, assumindo enfim o drama abissal da humana condição. Suplico a aqueles a quem esse canto de morte possa seduzir para pensar comigo que

talvez haja certa obscenidade nesse radicalismo um pouco "chique", como uma demonstração por absurdo de que a crítica, longe de gerar novas questões e novos "possíveis", persegue a sombra do que tinha tido importância, tinha feito viver e pensar, e honra o que já não pode fazer ninguém viver e pensar.

Se agora a questão é a das causas passíveis de nos fazer pensar, inventar e agir, de nos permitir repovoar nossa história devastada, é preciso saber, *a priori*, que todas elas serão vulneráveis ao ataque crítico, elas que tratamos com o método dos químicos loucos, que submetem sistematicamente tudo o que encontram à queima do ácido para concluir, triunfalmente: "Não resiste!". Ao contrário, elas terão necessidade do cuidado crítico proposto pela arte do *pharmakon*, mas já não se trata de ilusões a serem vencidas, e sim do saber que o que pode ser remédio é ainda mais suscetível de se tornar veneno quando utilizado sem prudência e sem experiência. E trata-se aí de um cuidado que não tem nada de épico, que pode pertencer a qualquer época e a qualquer tradição.

Lembro que me dirigi àqueles e àquelas para quem isso que proponho poderia ser sentido como uma "terrível renúncia", a traição do que nos foi mais precioso. Mas essa desordem pode ser acompanhada de um grito "mas isso significaria abrir a porta para todos os monstros!", e a cena muda, então, pois o que está em questão com esse grito são os "outros", aqueles que ficarão vulneráveis às tentações mais monstruosas. Também nesse caso, vamos nomear, para forçar a pensar. Em nosso mundo dito moderno, uma vez que o herói se torna destruidor das ilusões que atravancam o processo de emancipação da humanidade, o gênero épico pode ter como consequência o poder dado ao que chamarei de tolice.

CAPÍTULO DOZE

Do mesmo modo que Gaia não se reduz a um objeto de saber, o que chamo de tolice não se reduz a uma fraqueza psicológica. Não diremos "as pessoas são tolas", como se se tratasse de uma tara ou de uma fraqueza pessoal. Diremos que a tolice é algo *que se apodera de alguns*. E ela se apodera particularmente daqueles que se sentem em posição de responsabilidade e se tornam o que a partir de agora chamarei de "nossos" responsáveis.[1]

Não que "nossos" responsáveis, aqueles que encontramos por toda parte, em todos os níveis, sejam "tolos", no sentido em que bastaria expulsá-los, tomar o poder, substituí-los por pessoas inteligentes. Não que todo responsável seja tomado pela tolice. O técnico responsável pelo funcionamento de uma rede de computadores, por exemplo, não o é especialmente, não como tal. Como diz o ditado, um mau trabalhador culpa as ferramentas, e a responsabilidade aqui implica o cuidado com o possível, a capacidade de imaginar o imprevisto, a desconfiança não de uma situação, mas de suas próprias rotinas. Em compensação, "nossos" responsáveis desconfiam de nós. E a desconfiança é uma palavra fraca demais, pois implica uma situação precisa, procedimentos a serem utilizados, engajamentos a serem formalizados. "Nossos" responsáveis são, antes, aqueles que sabem que devem responder por nós, como um pastor deve responder por seu rebanho perante aquele que lhe conferiu tal incumbência.

Pode-se pensar que, ao comparar aqueles que chamo de "nossos" responsáveis com pas-

1 Em correspondência com a autora, ela esclarece que a passagem da marcação das aspas de "nossos responsáveis" para "nossos" responsáveis, neste ponto do texto, sugere um alargamento do conceito, tratando-se não apenas daqueles que se pretendem responsáveis (como os políticos do capítulo 3), mas também aqueles que se *sentem* responsáveis por *nós*. [N.E.]

tores que devem responder por seu rebanho, associo a questão da tolice com o que chamo de "poder pastoral", que implica um dirigente que recebeu a incumbência de assegurar a saúde daqueles que deve guiar. Ora, a tolice é antes o que resta desse poder quando não há mais incumbência, ou quando só subsiste dela uma versão esfarrapada, que coloca em cena uma humanidade recalcitrante, sempre pronta a se deixar seduzir, a seguir o primeiro charlatão, a se deixar engambelar pelo primeiro demagogo. "Nossos" responsáveis não são pastores, pois não nos guiam "rumo" a nada; eles estão dominados pela tolice, pois julgam o mundo em termos de tentações e seduções perigosas das quais precisam nos proteger.

Hoje, diante da intrusão de Gaia, que eles já não podem ignorar totalmente, nossos responsáveis estão em suspenso como nós. O "eu sei, mas ainda assim..." que lhes serve de pensamento é quase audível, mas de certa maneira estamos todos nessa. Em compensação, o que não é da ordem de uma reação comum em face do dificilmente concebível, de um lamento impotente diante do que nos excede, é a reação típica de certas proposições – quase um grito: "Mas seria a porta de entrada para...". Ouvir esse grito é ouvir o que diferencia a compaixão eventual por aquele ou aquela que está em "posição de responsabilidade" e sente "que algo o excedeu" da distância a ser tomada daqueles que caracterizo como "nossos" responsáveis. Pois esse grito é o grito da "tolice".

Quando o "eu sei, mas ainda assim..." se junta ao grito que invoca a "porta de entrada", é inútil discutir, pois estamos lidando não com alguém cujas razões deveriam ser ouvidas, mas com um ser capturado, dominado por algo que deixa para depois qualquer razão, que virá no mais das vezes à maneira do "sabemos disso".[2]

2 Distinguiremos o "eu sei disso, mas ainda assim", daquele que sente que algo o excede, do "sabemos disso" com pretensões à autoridade.

Aquele que diz "sabemos disso" não é tolo – aqueles de quem a tolice se apodera nunca são tolos. Ele não inspira desprezo; inspira, sim, pavor. Pois o que o faz reagir – quando, talvez, ele gostaria que o mundo fosse diferente, que as pessoas não fossem "desse jeito" – é da ordem de uma força com a qual nos chocamos e, mais ainda, uma força que sentimos que vai se alimentar de todos os esforços de persuasão, de todos os argumentos aos quais poderíamos ser tentados a recorrer.[3] A tolice não é a estupidez, já que, ela também, pode "se apoderar" de alguém, mas está ligada a estupor, paralisia, impotência – por exemplo, quando um argumento tolo e maldoso deixa estupefato, na perplexidade algo dolorosa de um "eu sei, mas ainda assim...". A tolice é ativa, ela se alimenta de seus efeitos, da maneira pela qual ela desmembra uma situação concreta e destrói a capacidade de pensar e imaginar daqueles e daquelas que exploram maneiras de fazer de outro modo, deixando-os estupefatos ou com raiva (o que a confirmará: está vendo, essas pessoas só usam de violência).

Hoje me parece necessário ousar nomear a tolice que se apodera daqueles que o capitalismo faz assumirem a responsabilidade de manter a ordem pública. E isso quando ele próprio persegue incessantemente, de modo

3 Nomear a tolice é retomar, de modo diferente, a operação que Philippe Pignarre e eu havíamos proposto em *La Sorcellerie capitaliste*, quando chamamos de "mãozinhas" aqueles que não fazem simplesmente parte do "sistema", como se diz, mas que velam por ele, não param de ajustar suas articulações, de prevenir fugas, de ampliar seu domínio [em francês, *petite main* (mãozinha) se refere a costureiras auxiliares nas casas de alta-costura. (N.T.)]. Também nesse caso tratava-se de diagnosticar uma captura e um domínio, que faz com que a mãozinha, quando diz "é preciso...", não o diga como um sofrimento, e sim com um engajamento que a oporá àqueles que insinuam que haveria meio de fazer ou de pensar diferente. Nomear é um risco e não se brinca de qualquer jeito com as palavras: as "mãozinhas" estão associadas a uma imagem simpática demais (as mãozinhas dos grandes costureiros) para mudar de emprego. Foi o que tivemos que reconhecer.

totalmente irresponsável, a criação de novas fontes de lucro – e esses responsáveis "sabem disso, mas ainda assim...". Não se trata de acusar, como é o caso quando se denuncia cumplicidade ou corrupção. Tais acusações suscitam, efetivamente, a ideia de que, se a gente se livrasse desses vendidos, tudo ficaria bem – uma ideia que sempre favorece aqueles que se apresentam como arautos da salvação, voz do povo, da nação... ou da raça. E elas só reforçam o sentido que "nossos" responsáveis têm da necessidade de sua missão – sua convicção de que aqueles que os acusam "não compreendem". Aqueles e aquelas capturados pela tolice não merecem nem acusações, nem indignação. Na verdade, *eles não merecem nada*, pois o que importa é esse algo pelo que estão dominados. E esse domínio é sensível em todos os níveis de responsabilidade e conecta todos eles, inclusive aqueles que são alheios aos interesses diretos do capitalismo contemporâneo. E, notadamente, aqueles que foram capturados pelo refrão pedagógico "o que vocês fariam em nosso lugar?" e se sentem "nossos" responsáveis por procuração.

Gilles Deleuze, de quem tomei emprestada a palavra "tolice", fazia dela um problema novo, que se impunha no século XIX àqueles que interrogavam as errâncias do pensamento humano. Em seu *Abecedário*, quando trata da letra "H, de História da filosofia", Deleuze efetua uma espécie de galope selvagem. Os filósofos do século XVII se preocupavam, diz ele, com o erro – como evitar o erro? Mas, no século XVIII, surge outro problema, o da ilusão, da vulnerabilidade do espírito a ilusões às quais ele adere e que até mesmo produz. Mas, no século XIX, é a tolice que assombra alguns, como Nietzsche, Flaubert, Baudelaire, que os fascina e lhes causa horror.

O surgimento da questão da tolice no século XIX não significa de modo algum a descoberta do que antes era ignorado ou desconhecido. A tolice é nova, como é nova a articulação entre os Estados modernos e o capitalismo. Ela não afeta o capitalismo, pois este não receia abrir a porta ao que quer que seja. O que ele não quer, o que seria um "entrave às leis do mercado", é aquilo que o impediria de estar no comando quando se trata de definir a maneira como os problemas devem ser colocados. Mas ela afeta, em compensação, aqueles que se veem como herdeiros-beneficiários das Luzes, aqueles que continuam o nobre combate contra as ilusões, mas que, e isso faz uma grande diferença, trocaram o sentido da aventura pelo de uma missão que os transforma em pedagogos. Eles são os que devem proteger os outros, *aqueles que sabem, enquanto os outros acreditam*.

Trata-se aqui de pensar "pelo meio", segundo a expressão de Deleuze, ou seja, sem descer às raízes nem remontar ao sentido derradeiro, mas enfrentando um meio agora saturado de versões múltiplas do "eles acreditam, nós sabemos" que dá origem aos "nossos" responsáveis, aqueles que sabem que atrás da porta que não deve ser aberta se agita uma massa terrível de crenças sempre prestes a invadir a cena.[4] De um modo ou de outro, a reivindicação do Empresário, de que o Estado garanta a segurança de seus investimentos, é um ingrediente da questão, mas quem é o ovo e quem é a galinha? Não se poderia dizer também que o Estado escutou favoravelmente o Empresário, pois o que este último propunha correspondia a seu próprio senso de responsabilidade, assegurar o progresso na ordem, fechando a porta às turbulências irracionais? Seja lá como for, estamos enfrentando dois protagonistas

4 É notável que o grito da porta de entrada só seja raramente dado quando se trata de uma inovação sociotécnica – se falará então de uma oferta que deve encontrar as "necessidades" de uma população, ainda que constate mais tarde que a oferta contribui fortemente para atualizar a necessidade.

coproduzidos por sua aliança. Mais do que procurar identificar conceitualmente esses dois protagonistas e seus papéis respectivos, "pensar pelo meio" poderia significar aqui produzir saberes que concorrem para fabricar uma experiência diferente desse meio, a contar de modo diferente nossas histórias, *e, particularmente, a aprender a discernir a maneira pela qual a tolice os envenenou.*

Assim, mas é apenas um exemplo, hoje estamos habituados a ver cientistas considerarem uma de suas missões mais importantes e legítimas o dever, em nome da razão, de perseguir aqueles que eles denunciam como charlatões, impostores, persuadindo um público crédulo, vulnerável a todas as seduções, suscetível a todas as irracionalidades. Contar a maneira como esse papel foi assumido, como produziu a evidência de uma razão científica em luta contra a opinião, é também contar a maneira como a tolice aprisionou a aventura científica, contribuiu para colocar o poder da prova a serviço da ordem pública. Foi disso que me dei conta ao estudar a abordagem dos cientistas reunidos em 1784, ou seja, pouco antes da Revolução Francesa, em uma comissão de pesquisa nomeada pelo rei para investigar as práticas do magnetismo do médico alemão Anton Mesmer.

Em torno do *baquet* [tina] de Mesmer, que continha, segundo ele, um fluido magnético com poder de cura, as mulheres desmaiavam e a multidão se apaixonava, uma multidão perigosa para a ordem pública, pois fazia o magnetismo ressoar com a afirmação da igualdade dos homens, todos conectados pelo fluido. A rainha, diziam, é tão sensível ao fluido quanto a última de suas governantas. E, pela primeira vez, cientistas, entre os quais os mestres experimentadores Antoine Lavoisier e Benjamin Franklin, assumem o papel daqueles que "se sentem responsáveis" e se empenham para achar meios de destruir as pretensões daquele charlatão. Para tanto, inventarão um novo tipo de prova: não se tratará de conseguir interpretar de maneira confiável, resistente às objeções, as crises e curas que Mesmer atribuía ao fluido, mas de se concentrar em uma só questão: "O fluido de Mesmer existe realmente?". O que para eles significa: ele tem efeitos independentes da imaginação, no caso presente, independentes do saber de que se está magnetizado? Em outros termos, os comissários estão ali para desqualificar, e é o que farão graças a uma série de encenações em cujo centro já não está a cura, mas a enganação. Enganam-se sujeitos, com a ajuda de um magnetizador cúmplice, e a conclusão pode ser: a imaginação pode produzir efeitos que se atribuem ao fluido, enquanto o fluido, sem a imaginação, não tem efeito. Mesmer é, portanto, apenas um charlatão.

Claro, os efeitos produzidos pela imaginação da pessoa que foi enganada, que pensa estar magnetizada, não tinham muito a ver com os efeitos curativos observáveis em torno da tina. Portanto, o certo seria escrever que a imaginação *deve conseguir explicar* esses últimos, o que não tem nada a ver com o acontecimento da prova experimental. Além disso, os comissários não definiram o poder da imaginação, tampouco consideraram a hipótese de que o fluido, para ser eficaz, requer a imaginação. Tais objeções, e muitas outras, foram produzidas na época, mas em vão, pois a comissão não optou por colocar em questão as práticas terapêuticas de Mesmer, e sim suas pretensões a dar ao fluido o poder de explicar as curas obtidas. Foram essas pretensões que permitiram que sua prática fosse submetida a uma prova imposta de maneira unilateral, uma prova parecida com a experimentação, mas que não procura ter êxito, busca apenas o poder de julgar. A abordagem inaugurada pelos comissários, e que ilustra desde então o espírito crítico próprio à Ciência, é feita para destruir, para marcar uma interrupção em uma história considerada irracional. E ela se repete todas as vezes que um cientista conclui, diante do que ele considera próprio a suscitar um interesse inoportuno: "Isto deve poder ser explicado por...". Explicar já não é um êxito raro, mas um juízo que manifesta o poder da razão em dissipar a ilusão.

Ao aceitar a oferta do poder, ao colocar sua ciência a serviço da ordem pública, os comissários "conheciam bem" o abismo que separa o "isto deve poder ser explicado por..." – nesse presente, sempre por uma causa geral, que tira todo o interesse do que ela explica – do acontecimento do êxito experimental "isso pode ser explicado!". Eles sabiam disso, mas reconhecê-lo teria sido abrir a porta de entrada para a multidão daqueles que aderiam cegamente à autoridade de Mesmer, esse ilusionista. Não nos enganemos, no entanto, o que os comissários produziram é certamente da ordem de uma invenção, mas o que, ao aceitar contar entre "nossos" responsáveis, eles inventaram foi o poder de desmembrar, em nome da Ciência, uma questão "concreta" – o que acontece em torno da tina de Mesmer? –, ou seja, de redefinir essa questão em termos de categorias que os autorizam a concluir: "Circulando, não há nada para ser visto!".

Vemos por que é tão importante ressaltar que o domínio da tolice não torna "estúpidos" aqueles que são vulneráveis a ela porque "se sentem responsáveis". Quando se diz que uma observação é "tola e maldosa", caracteriza-se algo de notavelmente eficaz, mas de uma eficácia destruidora, que produz uma paralisia do pensamento daqueles que sofrem dela. Tornar perceptível o poder da tolice não é apenas, portanto, tornar perceptível a maneira como ela anestesia aqueles de quem se apodera, os impede de se deixar tocar por aquilo que, em uma situação, pode pedir que seja abordado, sentido, pensado. É também tornar perceptível a maneira como ela lhes manda inventar os meios de submeter tais situações a exigências às quais elas não são capazes de responder. Pois o importante para eles não é a situação, mas o que ruge atrás da porta, a massa terrível e informe das ilusões que esperam se aproveitar dessa situação para invadir a cena.

CAPÍTULO TREZE

Os comissários poderiam ter retorquido: "Mas o que vocês teriam feito em nosso lugar?". Uma única resposta se impõe: "Não estamos em seu lugar", resposta pouco educada, mas saudável. Recusar se colocar no lugar "deles" é, efetivamente, recusar o anonimato reivindicado por aqueles que se sentem responsáveis. É o tipo de resposta que convém, por exemplo, quando fica claro que a recusa dos OGM coloca nossos responsáveis em uma situação difícil em relação às regras da OMC: "Se vocês renunciaram à possibilidade de proibir a cultura dos OGM em solo europeu, se agora vocês têm que acertar contas com seus mestres da OMC, vocês o fizeram sem mandato". Como também é sem mandato, hoje, que nossos responsáveis tentam impor aos países africanos uma liberdade de "trocas" e submissão aos direitos de propriedade intelectual que acabarão de arruinar esses países. E foi sem mandato que eles definiram os limites da ação política em relação a uma submissão integral ao que chamam de leis do mercado – o que significa, concretamente, que o que o capitalismo é capaz de fazê-los fazer inclui doravante a tarefa de ter que garantir nossa submissão. Como nos colocarmos no lugar deles, se, entre as ilusões rugindo atrás da porta que deve ser mantida fechada, há, agora, a ideia de que tentar pensar o futuro coletivo é um direito legítimo?

Nomear a tolice a fim de torná-la perceptível, a fim de fazer sentir que aceitar se imaginar "no lugar de..." é se expor a seu domínio, é hoje ainda mais importante pelo fato de que será preciso resistir aos apelos à unidade diante do "desafio do aquecimento global". No entanto, nomeá-la não é "bom por si só". Requer-se a arte do *pharmakon*. Como remédio, a operação certamente pode desmoralizar "nossos" responsáveis, que, para manter o moral, precisam que nos "coloquemos no lugar deles", *ou seja, que nos deixemos infectar pela tolice que os aprisionou*. Mas todo remédio é igualmente suscetível de envenenar. Se a recusa dos OGM constituiu acontecimento, não foi apenas porque o embaraço dos responsáveis tornou-se perceptível, mas também porque, nessa ocasião, saberes minoritários, que concorrem para fabricar uma paisagem bem diferente, puderam ser ouvidos. A porta de entrada foi efetivamente aberta, mas sobre a multiplicidade de questões que a palavra de ordem "é preciso modernizar a agricultura" tinha calado. Para além das generalidades que relacionam o império dos OGM, que não passa do da agricultura industrial, com uma série de catástrofes quase programadas, não há generalidade que permita definir as necessidades de uma agricultura "diferente", que saiba compor com Gaia, mas também parar de envenenar a Terra concreta e seus múltiplos habitantes sem deixar de alimentar bocas humanas cada vez mais numerosas. Não que seja impossível, mas as possibilidades devem ser formuladas caso a caso, região por região, e principalmente de maneira a conferir um lugar crucial aos saberes das populações interessadas. O veneno, aqui, seria subestimar o desafio constituído pelo aprendizado, também caso a caso, do que isso requer, sem postular uma boa vontade geral. As conexões devem ser criadas, sempre precárias, jamais adquiridas de uma vez por todas.

Mas se voltarmos ao caso Mesmer, que me permitiu ilustrar o tema da tolice, a situação é a mesma. Minoritário na comissão, o naturalista Antoine Laurent de Jussieu havia lançado o apelo para que se fizesse um estudo minucioso das práticas do que ele chamou de "medicina dos toques", da qual ele pensava que o magnetismo mesmeriano, apesar de suas pretensões "revolucionárias", dependia. Escutar o apelo de Jussieu, estudar as práticas terapêuticas tradicionais dos curandeiros rurais, em vez de submetê-las a critérios de juízes indiferentes e até mesmo hostis, em todo o caso decididos a fazer valer o *droit de regard* [direito de controle] da Ciência, teria sido *aprender a trabalhar com os curandeiros*. Ou seja, com praticantes não diplomados que, diferentemente de Mesmer, não teriam se apresentado como descobridores, e sim, com uma frequência bem maior, como depositários de um saber transmitido ou de um dom. E, para tanto, teria sido preciso não fazer prevalecer a grande cisão entre "aqueles que acreditam" e "aqueles que sabem" e reconhecer os curandeiros como aqueles de quem e com quem se precisa aprender. Diz a lenda que Galileu teve a coragem de murmurar "e, no entanto, ela gira" quando era condenado a abjurar. Mas aqueles que o condenavam não eram seus colegas cientistas. Afirmar, a propósito de praticantes com referências confusas, "e, no entanto, eles curam" diante dos colegas escandalizados requer mais coragem, o tipo de coragem que os pesquisadores não apenas não cultivam, mas da qual eles são ativamente incitados a desconfiar ("seria abrir a porta de entrada para...").

Certamente há, portanto, algo que pressiona atrás da porta que "nossos" responsáveis têm por tarefa manter fechada, uma multidão de aprendizados a serem feitos, às vezes conflitantes, sempre difíceis porque irredutíveis ao bom senso generalista. É nessa multidão que penso quando me refiro à maneira pela qual Gilles Deleuze caracterizava a diferença entre esquerda e direita – uma diferença de natureza, ele salientava, não de convicção, porque a esquerda (no sentido sempre traído pelos partidos ditos de esquerda) tem necessidade, necessidade vital, de que as pessoas pensem, ou seja, imaginem, sintam, formulem suas próprias questões e suas próprias exigências, determinem as incógnitas de sua própria situação.[1]

Só a frustração dessa necessidade vital se pode esperar das instituições estatais. Vou me limitar aqui ao exemplo da escola, quando ela é dominada pelo imperativo estatal de uma "verificação do conteúdo adquirido" assegurando que "qualquer um" que ultrapassou uma etapa é capaz de dar respostas análogas às mesmas questões, de responder às mesmas exigências. Sabemos o que se produz com essas verificações que, longe de um simples elemento do dispositivo escolar, constituem sua "alma": a verificação aprisiona sua fonte e define a transmissão dos saberes (uma expressão injustamente criticada) como passagem de uma suposta ignorância a um saber definido por suas condições de verificabilidade.[2] O que faz da escola, colocada oficialmente sob o signo da igualdade, uma produtora sistemática de desigualdades, desigualdades que são, além disso, geralmente ratificadas pelos interessados. Que se pense na triste reivindicação da "igualdade de oportunidades". O que significa essa reivindicação a não ser a abstração de um "qualquer um" que pretende fazer reconhecer seu pertencimento ao conjunto daqueles que lhe oferecem a "mesma" oportunidade que a todos os outros, um pouco como um bilhete de loteria tem a mesma chance que todos os outros de ser o premiado? Com a única diferença de que a reivindicação pode facilmente ter por correlato uma transmissão da responsabilidade de seu destino a quem não soube agarrar a oportunidade que lhe foi dada.

Hoje, a diferença de natureza entre aprender a colocar suas próprias ques-

1 Gilles Deleuze, *Pourparlers*. Paris: Minuit, 2003, pp. 173-74 [ed. bras.: *Conversações, 1972-1990*, trad. Peter Pál Pelbart. São Paulo: Editora 34, 1992, pp. 158-59].

2 Ver Julie Roux, *Inévitablement (après l'école)*. Paris: La Fabrique, 2007.

tões e se submeter às questões procedentes de outra parte ganha uma significação terrivelmente concreta: é dela que poderia depender a possibilidade de respostas à intrusão de Gaia que não sejam bárbaras. Pois as respostas não serão dadas a questões prontas, pois se dirigem a "qualquer um". Serão respostas sempre locais, no sentido em que local não significa "pequeno", mas se opõe a "geral" ou "consensual". É vital que "as pessoas" pensem, e essas pessoas não são os "outros", aqueles de que falam "nossos responsáveis" sem jamais se incluir entre eles. Aprender a pensar, a colocar suas próprias questões, a se situar escapando da evidência do "qualquer um" nunca é um conteúdo a ser adquirido, definindo uma elite contra o rebanho submisso. A única coisa que se pode adquirir é o gosto e a confiança no pensamento. E aqueles e aquelas que os adquirem hoje conhecem a "oportunidade" que têm, podem narrar o encontro ou o acontecimento aos quais devem essa experiência, cuja possibilidade a escola e a mídia lhes tinha feito ignorar: não "eu penso", mas "algo me faz pensar".

Aprender a reconhecer e a nomear a tolice é importante, portanto, mas não é um fim em si. Trata-se, antes, de uma condição para outra coisa, de um diagnóstico ativo que incide em nossos meios, meios que não tornam impossível, mas excepcional (a elite, não "as pessoas") o aprendizado da experiência que Deleuze chama de pensamento. Diagnóstico eminentemente político, pois é com esses meios que lidam aqueles e aquelas que se engajam na experimentação do que significa "pensar" *no sentido que importa politicamente, ou seja, no sentido coletivo,* uns com os outros, uns pelos outros, em torno de uma situação que se tornou "causa comum", *que faz pensar.* Trata-se de diagnosticar o caráter doentio de meios onde tais experimentações serão desmembradas, submetidas a regulamentações cegas às suas consequências, obrigadas a prestar contas que não são as suas, destruídas. Mas também, em último caso, indevidamente enaltecidas como "a" solução por aqueles que se apressarão em seguida a condená-las caso elas não cumpram as promessas que foram obrigadas a fazer. Em nosso mundo é preciso desconfiar dos inimigos, claro, mas também dos amigos, sempre prontos a ficar "decepcionados". E, entretanto, trata-se também de confiar no fato de que, se a oportunidade for construída como se deve, as pessoas podem se tornar capazes de (re)tomar gosto pelo pensamento. Ou seja, de descobrir que aquilo que lhes causava aversão, aquilo de que se sentiam incapazes, não era o pensamento, indissociável de uma experiência prática concreta, mas o exercício, com efeito bastante repugnante, de uma abstração teórica que requer que se transforme em anedota o que se sabe e o que se vive.

Utopia, dirão! Mas quem o disser nos condena à barbárie. E é à barbárie que nos condenam também as narrativas e especulações em que estamos literalmente afogados que ilustram ou consideram adquiridas a passividade das pessoas, sua demanda de soluções já prontas, sua tendência a seguir o primeiro demagogo que aparecer. O que é surpreendente, já que é precisamente o que permite e propaga o domínio da tolice. Precisamos desesperadamente de *outras histórias*, não dos contos de fadas, em que tudo é possível para os corações puros, para as almas corajosas ou para as pessoas de boa vontade reunidas, mas das histórias que contam como situações podem ser transformadas quando aqueles que as sofrem conseguem pensá-las juntos. Não histórias morais, mas histórias "técnicas" a propósito desse tipo de êxito, das ciladas de que cada uma precisou escapar, das imposições cuja importância elas reconheceram.

Em suma, histórias que recaem sobre o pensar juntos como "obra a ser feita". E precisamos que essas histórias afirmem sua pluralidade, pois não se trata de construir um modelo, e sim uma experiência prática. Pois não se trata de nos convertermos, mas de repovoar o deserto devastado de nossa imaginação.

A acusação de utopia repousa não sobre a raridade de casos, mas sobre a das narrativas, ou então sobre sua "exotização". Assim, para afirmar que não há nada para se aprender das práticas "não modernas" de reunião em torno de assuntos que dividem, basta qualificar a unidade das sociedades que cultivam tais práticas de "orgânica" (fechada, estável, fundada sobre a adesão à evidência de valores comuns etc.). Está tudo dito, e principalmente que se interessar por essas pessoas seria perseguir um ideal ilusório, ou pior: regressivo.

Entretanto, sabemos que, até mesmo no seio de nossas sociedades ditas modernas, há modos de reunião que suscitam a capacidade de fazer aquilo que "as pessoas" são supostamente incapazes de fazer. Para não falar das práticas científicas, já que são vivas, "fazem objeção", tomemos por exemplo a maneira como cidadãos sorteados tornam-se capazes, quando nada os preparou para aquilo, de participar dos júris populares de modo eficaz – mesmo que só porque sua presença atenta impede a conivência entre os profissionais, os "sabemos bem" que os ligam. Não é de surpreender que esses profissionais sonhem, periodicamente, em permanecer entre si. Eles evocam a incompetência dos jurados, mas o que mais lhes incomoda é que o papel assumido e o tipo de confiança desse papel têm o poder de suscitar capacidades de pensar, objetar, formular questões, precisamente o que é negado quando se diz "as pessoas não são capazes".
E as experiências dos "júris cidadãos" reunidos para tratar

de inovações técnico-industriais dão o mesmo exemplo de lucidez quando não são "distorcidos", ou seja, reunidos em torno de uma questão pronta, ou "mediados" por profissionais da comunicação cujas técnicas se dirigem sempre a grupos supostamente incapazes de funcionar fora de um "quadro".

Em ambos os casos, pessoas "quaisquer" aprendem a se orientar em uma situação complicada e conflitante, pois os protagonistas dessa situação são obrigados a produzi-la de modo que lhes permita tomar posição, porque o dispositivo de reunião permitiu que essa situação fosse "dramatizada", exposta em seus componentes divergentes, indecisos e conflitantes. No caso dos "júris cidadãos", a dramatização é ainda mais notável pelo fato de não se tratar de uma "repetição" do que foi produzido no momento da instrução judiciária: é na própria instrução da questão que o júri procede, forçando o confronto de especialistas que, em geral, se ignoram mutuamente, insistindo em questões nas quais esses especialistas não querem entrar, interessando-se por consequências que foram ignoradas, desqualificadas ou "terceirizadas", ou seja, que supostamente dizem respeito a outros protagonistas, ausentes da cena.

Não será uma surpresa o fato de a instituição dos júris cidadãos só poder, nesse nosso mundo, ter alcance extremamente limitado, e que as formas de consulta pública, muito em voga, tenham sido de fato, no mais das vezes, reduzidas a operações cosméticas sem consequências. Foi o que vimos, os Empresários exigem que as contas que eles devem prestar – se não podem evitá-las – sejam predeterminadas. Como eles aceitariam uma instituição em que "as pessoas" produzem contas "abertas" e aprendem a questionar a maneira pela qual os problemas são formatados, ou seja, também a distribuição que preside à formatação "o que o Estado deixa o capitalismo fazer, e o que o capitalismo manda o Estado fazer"? Mas é precisamente por se tratar de uma instituição na qual essa distribuição perde qualquer evidência consensual que os júris cidadãos têm importância. Não apenas porque essa instituição tem a capacidade de tornar perceptível a tolice daqueles que se apresentam diante dela como "responsáveis", de tornar públicas a arrogância, a ingenuidade, a cegueira de alguns especialistas, mas sobretudo porque ela é, ou poderia ser, produtora de narrativas de que temos desesperadamente necessidade: narrativas que dão àqueles que as ouvem o gosto daquilo que as produziu. Sim, uma situação pode se tornar interessante, digna de fazer pensar, capaz de suscitar o gosto pelo pensamento, se ela foi produzida por um processo de aprendizado concreto, em que as dificuldades, as hesitações, as escolhas, os erros fazem parte da narrativa tanto quanto os êxitos e as conclusões.

CAPÍTULO CATORZE

Não nos enganemos: se não tivermos cuidado, a pista aberta pelo exemplo dos júris, sejam eles populares ou cidadãos, poderia nos levar ao que é importante evitar: ao contraste entre especialistas e profissionais cegos e obtusos, e um grupo de cidadãos de boa vontade que provaria que, desde que a oportunidade lhe seja dada, "as pessoas" são capazes de pensar. Deter-se nesse contraste levaria a uma oposição frontal aos "nossos" responsáveis e todos os seus aliados, aqueles que, notadamente, multiplicarão os exemplos que atestam sua opinião por uma "servidão voluntária", provam que "as pessoas" seguirão o primeiro demagogo que chegar etc.

A oposição frontal é uma tentação a ser evitada, pois esvazia o mundo e deixa subsistir apenas os dois campos virilmente opostos, um funcionando com referência ao outro. Assim ela alimenta a tolice, pois aceita a questão de saber se "as pessoas são ou não capazes de...". É o tipo de questão abstrata que não leva a lugar algum, a não ser, talvez, à escola e às suas operações de verificação – vamos ver se são capazes.

Quanto a mim, nunca encontrei "as pessoas", mas, sempre, pessoas determinadas e grupos, e sempre em circunstâncias que não são apenas um "contexto", mas são, por certo, operantes. O que me interessa, portanto, é a hipótese segundo a qual o exemplo dos júris, sejam eles populares ou cidadãos, não manifesta a igualdade dos homens quando se trata de pensar, mas a *eficácia de um dispositivo que implementa a igualdade*. Insistindo na comparação com a escola, é significativo que a eficácia do dispositivo "júri" dependa da exclusão deliberada de tudo o que poderia repetir uma situação de tipo escolar, na qual supostamente se é ignorante, se necessita aprender antes de ser autorizado a pensar, mas sempre dependendo daqueles que sabem "ainda mais".

É crucial ressaltar que não pressupor a ignorância não tem nada de demagógico. Evitar a repetição de uma situação de tipo escolar, ou seja, evitar reavivar os "não compreendo nada disso" produzidos na escola, faz parte do dispositivo no sentido positivo. Com efeito, ter que suportar um curso sobre os saberes mobilizados pela engenharia genética antes de discutir sobre OGM *nunca dará condições de pensar essa inovação*. As questões que contam vêm sempre depois, e esse "depois", quando chegar enfim, não terá sido preparado pela exposição pedagógica, mas, antes, aprisionado por ela. Os OGM terão sido inicialmente apresentados como consequências do "progresso de nossos conhecimentos", e a diferença entre o OGM de pesquisa (cuidadosamente asseptizado, pois é preciso simplificar) e o OGM da Monsanto só será evocada por último, se evocada for.

Evitar as situações produtoras de desigualdade não basta, como também não basta a maioria dos modos de funcionamento ditos "igualitários", os que fazem da igualdade uma determinação abstrata, que pretende fazer tábula rasa dos processos que desde sempre transformaram diferenças em desigualdades. É o que acontece nas reuniões onde "todos têm o direito de se expressar". Tédio, autocensura, efeitos de terror, sentimento de impotência diante dos falastrões e de outros tagarelas impenitentes, questões incessantemente chafurdadas em conflitos ou rivalidades entre pessoas, desejo sorrateiro de que alguém "se encarregue das coisas", debandada progressiva, compromisso frouxo e coxo... é inútil elaborar, pois é uma experiência compartilhada.

Se os júris cidadãos podem escapar a esse veneno como também os júris populares, parece que é na medida em que o dispositivo consegue reunir os participantes em torno de uma "causa comum", ou seja, *consegue dar a essa causa o poder de os "colocar em pé de igualdade"*. Mas essa causa não pode ser a própria igualdade, ou qualquer outra causa que supostamente transcenda as particularidades e exija uma submissão igual. A igualdade é, também ela, um *pharmakon*, que pode se tornar veneno quando associada não a uma produção, mas a um imperativo, e a um imperativo que sempre incumbe porta-vozes privilegiados. Uma causa comum investida do poder de colocar em pé de igualdade aqueles que ela reúne não pode ter porta-voz. Ela é, antes, da ordem de uma questão, cuja resposta depende daqueles e daquelas que ela reúne e da qual nenhum deles pode se apropriar. Ou, mais precisamente, uma questão *cuja resposta será frustrada se um deles se apropriar dela*.

É a situação "questionante"[1] que, quando há êxito, *produz* a igualdade, ou seja, a capacidade de "simples cidadãos" participarem dos júris. É ela que transmuta o que se apresenta como resposta especializada, que tem autoridade, em contribuição, cujo alcance – o que ela faz ter importância, o que ela deixa indeterminado – deve-se aprender a interrogar. Coitado do especialista, então, que for pego julgando sem importância – destinado a se virar, preço do progresso – o que não é de sua alçada. É por estarem reunidos por uma situação questionante que os júris cidadãos podem ser formidáveis máquinas de fazer especialistas gaguejarem, ou para avaliar a confiabilidade da alçada sobre a qual repousa o que lhes é proposto.

Hoje, pode-se dizer que a intrusão de Gaia produz uma situação questionante desse tipo, põe em questão o conjunto de nossas

1 Que deve ser radicalmente distinguida, claro, das situações-problemas caras à pedagogia, que são definidas em termos de aprendizados potenciais dos alunos, de operações mentais que eles terão de explorar.

histórias e de nossas tomadas de posição, as que tranquilizam, as que prometem, as que criticam. No entanto, o poder dessa situação não é nada se não for atualizado em dispositivos concretos que agreguem em torno de situações concretas. A única generalidade, mais uma vez, é de ordem farmacológica. Precisamos, terrivelmente, experimentar esses dispositivos, aprender o que eles requerem, relatar seus êxitos, fracassos e derivas. E essa cultura do dispositivo só pode ser construída em tempo e com questões reais, não em "lugares experimentais" protegidos, pois o que se trata também de aprender é, precisamente, aquilo que tais lugares, por serem protegidos, evitam: como "se manter firme" em um meio a um só tempo envenenado pela tolice e que parece uma área de caça para os predadores da livre empresa? E como fazê-lo sem se fechar em si mesmo, sem fabricar um "mundinho" que, por definição, se tornará *stakeholder*, defendendo seus interesses sem levar em conta o "resto" (vocês só têm que fazer como nós!).

Que o ambiente de um grupo que experimenta a possibilidade de um regime coletivo de pensamento e de ação possa ser, ao mesmo tempo, o que envenena, o que ameaça e aquilo com o que vínculos devem ser criados, indica bem que toda economia de pensamento é aqui letal, e notadamente também toda busca de garantia e qualquer transformação do que se experimenta como modelo. As questões que esse grupo suscita, pois fazem parte do meio desse grupo, *são questões operantes*, até mesmo e sobretudo se pretendem ser neutras, questões de juízes ou de voyeurs. Quanto às respostas, elas nunca serão gerais, estarão sempre ligadas à invenção de meios práticos de "constituir" resposta.

Tomemos um exemplo bastante crucial, o da "confiança", tanto entre os membros de um grupo como entre este grupo e seus ambientes. Fazer da confiança uma questão operante é fazer divergir dois sentidos associados a essa palavra – vamos chamá-los de "ter" e "produzir" confiança. Quando se teve confiança e essa se revela ter sido mal colocada, nos sentimos traídos, enganados, decepcionados, revoltados, indignados, mas é a impotência que domina e pode ser traduzida pela retração, pela vingança, pelo ressentimento: "Não caio mais nessa!". É o que acontece frequentemente e o que revela o caráter doentio de nossos meios: não somente um grupo pode ser traído por aqueles que ele pensava serem seus aliados, mas ele pode ser denunciado como alguém que trai a confiança daqueles que o tomavam como exemplo. Em compensação, os ativistas americanos que praticam a ação direta não violenta nos deram o exemplo de verdadeiras "fábricas" de confiança. O pressuposto aqui é que a traição é algo a que todos serão incitados no momento da ação. Esses ativistas sabem, com efeito, que é preciso se preparar para uma prova: haverá provocações policiais à violência, e as consequências da ação – processos na justiça, prisão, multas pesadas – serão levadas a efeito de maneira a dividir, a suscitar o desentendimento e as acusações mútuas. O que significa que todos aqueles que participaram "tendo confiança" terão condições de sentir que embarcaram numa situação que não eram capazes de enfrentar, ou que foram feitos reféns em um processo de decisão que os ultrapassava, ou que eles foram abandonados no momento de encarar as consequências: vergonha, ressentimento, decepção, culpa.

Fabricar a confiança, para esses ativistas, corresponde a dispositivos que fazem com que *a ação seja considerada a partir das provas e armadilhas previsíveis*. E, mais uma vez, isso implica, nesse caso, resistir à ficção da capacidade igual de cada um de cumprir seus compromissos, de dar mostras de uma autonomia responsável. Trata-se, ao contrário, de *conferir às provas por vir o poder de fazer sentir, pensar e ousar dizer*, e isso, em particular, de maneira a tornar perceptível e legítima a heterogeneidade dos modos de engajamento de cada um, e daquilo de que eles se sentem capazes. Em suma, toda uma pragmática não de confissão, mas de imaginação e de criação dos meios para fazer passar a igualdade através das diferenças, que não serão objeto de nenhum juízo, mas das quais os vetores de traição tirarão proveito se elas não forem levadas em conta.[2]

Nada é garantido, como é sempre o caso com a arte farmacológica. Entretanto, a transformação que confere à prova o poder de fazer pensar, que a constitui como parte integrante da situação questionante, pode "tratar" um veneno previsível. O cuidado recai não mais sobre as pessoas, mas sobre modos de funcionamento coletivo que, por si só, tornam alguns vulneráveis, sua eventual traição sendo em seguida tomada como referência para acentuar a desconfiança, intensificar a suspeita e, portanto, antecipar e provocar novas traições.

A arte dos dispositivos não diz respeito, evidentemente, aos *stakeholders*. Estes ludibriam uns aos outros o máximo possível, mas não podem se trair já que estão reunidos para fazer valer seus interesses respectivos e não têm nenhuma outra causa para servir. E tampouco diz respeito àqueles que são reunidos pelo poder de uma "causa comum" que tem caráter de resposta, de verdade que reivindica o poder de criar um acordo. Pois tal causa comunica com um ideal de homogeneidade, todos igualmente mobilizados pelo que reúne, pelo que é bom em si. A arte dos dispositivos é uma arte

2 Ver sobre esse assunto Starhawk, *Parcours d'une altermondialiste*. Paris: Les Empêcheurs de Penser en Rond, 2003.

farmacológica, pois aqueles a quem ela diz respeito estão reunidos pelo que, antes de tudo, é uma questão que exige aprendizado. A fábrica de confiança faz parte desse aprendizado não apenas porque ela considera a eventualidade da traição diante da situação, mas também porque, através da resposta, ela dá um significado positivo à heterogeneidade da reunião. Ela constitui essa heterogeneidade em algo que deve ser reconhecido e até mesmo ativamente produzido, aquilo de que se requer o aprendizado.

E, portanto, "todos juntos!", talvez, mas o conjunto só será robusto e pertinente se o que compõe o "todos" não for submetido ao "mesmo", um mesmo que remete a responsabilidade desse conjunto àquilo contra o que há luta. O conjunto, para ser confiável, não deve pressupor uma igualdade postulada, mas traduzir operações de *produção de igualdade* entre participantes. O que significa que ele deve ser da ordem da liga entre heterogêneos, não da fusão. Trata-se de aprender, em cada caso, a maneira de fazer existir, nomear e levar em conta divergências que importam onde, caso contrário, teria agido o veneno de diferenças não ditas, vergonhosas, potencial para manobras de divisão que jamais vão faltar. E trata-se de aprender não apenas para resistir a essas manobras, mas porque a produção de igualdade entre participantes, que pede que a heterogeneidade deles, longe de ser assimilada a um defeito, seja ativada, é também aquilo que permitirá que sejam desenvolvidas as diferentes dimensões da situação que os reúne.

Devo precisar que tornar presentes e importantes as divergências não tem nada a ver com o respeito pelas "diferenças de opinião". É a situação que ganha, através dos saberes divergentes que ela suscita, o poder de fazer pensar, de fazer hesitar juntos aqueles e aquelas que ela reúne. Eu diria até mesmo que o êxito de uma liga, ou seja, de uma prática do heterogêneo, não requer que se "respeitem as diferenças", mas que se *honrem as divergências*. "Respeito sua diferença" é um discurso um pouco vazio, que cheira à tolerância e não engaja em nada. O que, em compensação, pode entrar em comunicação com a palavra "honrar" é o que será apreendido *não como uma particularidade do outro, mas como o que o outro faz ter importância*, o que o faz pensar e sentir, e que não posso sonhar em reduzir ao "mesmo" sem insultá-lo – o sonho se transforma em pesadelo. Pois o que é assim apreendido, enquanto irredutível à psicologia ou a uma noção tão geral quanto a cultura, é o que, se for destruído, tornaria nosso mundo mais pobre. A divergência não pertence a uma pessoa, ela é, antes, o que faz um aspecto desse mundo ter importância.

Nomear Gaia, nomear a tolice e agora honrar as divergências na medida em que são relacionadas à situação e não às pessoas, são proposições cuja verdade se deve à sua eficácia. Uma eficácia que poderíamos dizer "contranatureza", se nos ativéssemos à oposição usual natural / artificial. Com a única diferença de que essa oposição não tem nenhum sentido positivo. A busca desesperada do que, sendo "natural", pretendesse não requerer artifício remete, e sempre remeterá, na verdade, ao ódio pelo *pharmakon*, por aquilo cujo uso implica uma arte.

CAPÍTULO QUINZE

O "natural", no sentido de tristemente previsível, é o que serve de argumento para aqueles que se sentem responsáveis. Assim, muitos cientistas afirmarão que é preciso que "as pessoas" tenham confiança na Ciência, pois, se elas tivessem ideia de tudo o que os cientistas não sabem, elas tomariam o que os cientistas sabem, "reação bem natural", por opiniões como outras quaisquer, opiniões que se pode ignorar se incomodarem, se criarem obstáculo para uma solução "racional". Do mesmo modo, aqueles que desconfiam das associações de usuários temem que esses usuários obedeçam a um egoísmo "bem natural" e, de maneira tristemente previsível, questionem o que os impede de fruir tranquilamente aquilo de que fazem uso, inclusive os mecanismos de solidariedade e de defesa dos trabalhadores que exigiram muita luta para serem criados.

Se a intrusão de Gaia significa a necessidade de aprender a "ter cuidado", a aceitar as "verdades inconvenientes", precisamos desesperadamente de artifícios, pois precisamos desesperadamente resistir ao "tristemente previsível". *A barbárie é hoje o tristemente previsível.* Mas a prova continua sendo abandonar, sem nostalgia nem desencanto, o estilo épico, a grande narrativa de emancipação em que o Homem aprende a pensar por si mesmo, já sem precisar de próteses artificiais. Essa grande narrativa nos envenenou não porque prometera a perspectiva ilusória da emancipação humana, mas porque definiu essa emancipação de forma aviltante, marcada pelo desprezo pelos povos e civilizações que nossas categorias julgavam bem antes de estarmos determinados a lhes levar, quisessem eles ou não, nossas luzes. Não reconhecemos em seus ritos, em suas crenças, em seus fetiches, as próteses artificiais da qual soubemos nos libertar?

Como ficar surpreso com o fato de a definição dada à emancipação ter sido marcada pela polêmica, já que, em nossas regiões, ela foi associada à luta? Mas que emancipação e luta tenham chegado a se identificar, que a emancipação tenha chegado a coincidir com a luta contra as ilusões humanas, que as ciências tenham definido seus êxitos, que são antes de tudo criação, produção de próteses de um novo tipo, em termos de desmentido infligido à opinião, eis o que fez de nós perigos planetários, prontos a enxergar ilusões por toda parte. Claro, alguns vão propor que sejam toleradas, mas com o leve desprezo daqueles que pensam que não precisam daquilo. Do desprezo à tolice, o caminho está traçado.

Quantas vezes senti esse desprezo quando descrevia os artifícios inventados pelos ativistas americanos. Quantas vezes ouvi escárnios, identificação de suas invenções a "coisas" bem conhecidas em psicologia social, utilizações de categorias genéricas, como o caráter performático da linguagem ou a eficácia simbólica. Terrível eficácia, a desses impedimentos análogos ao veredito da comissão anti-Mesmer, remetendo o fluído à imaginação. Não nos enganemos, trata-se, decerto, de operações de nomeação, mas a eficácia dessas operações é o inverso da eficácia a que viso quando nomeio. A operação, no caso deles, pode ser dita como: "Circulem, não há nada para pensar". O que nos lembra que nomear é, como qualquer operação eficaz, remédio ou veneno, mas assinala também que, se não percebemos o veneno, se confundirmos o "nome" com uma categoria de tipo científico, é porque estamos intoxicados. Como pensar sem nos entregarmos à desmistificação crítica, como nos privar do doce veneno do "não somos ingênuos, possuímos as categorias que identificam, sem o saber, aquilo de que os outros lançam mão"?

Aqueles que estão envenenados são também aqueles que desprezarão o que chamei de a arte do *pharmakon*, sempre com o mesmo protesto: o que é da ordem da verdade não requer artifícios para se impor. Ou com a mesma objeção: se a eficácia de uma proposição requer uma arte a ser cultivada, será que a porta de entrada não está aberta, horrível possibilidade, ao relativismo? Não será preciso postular que certas proposições têm o poder de se imporem por si mesmas, se quisermos evitar que conflito das opiniões e arbitrariedade das relações de força se tornem um horizonte intransponível? A objeção é ainda mais curiosa pelo fato de, no mais das vezes, vir de cientistas, que bem sabem, entretanto, que uma interpretação científica nunca se impõe sem os artifícios, as fábricas experimentais, cuja invenção os arrebata bem mais do que a "verdade".

E chega-se ao cúmulo do desprezo e da derrisão quando se pode fazer uma analogia entre certos artifícios e as técnicas utilizadas por empresas: "E, a propósito, por que não o salto de *bungee-jump*, já que funciona para os diretores...".[1] Pois é, as empresas se apoderam de tudo o que pode lhes servir, perfeitamente indiferentes a nossos escárnios. Escárnios emitidos de maneira quase automática por aqueles que se instalam, sempre, na posição de "cabeças pensantes" da humanidade.

Não nos enganemos, o que faz escarnecer tem muito a ver com a ideia de que o pensamento "é algo que se conquista", pede renúncia e solidão. Por isso muitas daquelas "cabeças pensantes" poderão, por outro lado, se curvar com respeito diante da paixão de Antonin Artaud, que berrava e vociferava que o pensamento não está "na cabeça". Mas o que é importante para eles é que berros e voci-

1 Nos anos 1980, na França, o *bungee-jump* era praticado como método de motivação para os diretores de algumas empresas. [N.T.]

feração traduzam uma experiência radical, na vizinhança mais próxima possível da loucura. Artaud, promovido a herói cultural, nos oferece então a confirmação do que o Homem é capaz de afrontar, ainda que se perca nele, o caos abissal que é preciso manter a distância para pensar. O que faz escarnecer é o uso de artifícios que poderíamos chamar de "democráticos", aqueles que se identificam tão facilmente com superstições, "psicodramas" ou com "autossugestão". Artifícios que pedem, além do mais, uma arte experimental, coletiva, radicalmente desprovida de qualquer conotação trágica. Que a aventura humana possa passar pelo aprendizado das "técnicas", das quais eles tiveram tanto orgulho de prescindir, parece algo quase indecente para nossos escarnecedores, como um empreendimento deliberado de infantilização.

Costuma-se dizer que as técnicas são neutras, que tudo depende de sua utilização. Substituam o termo "utilização" pelo termo "uso" e a neutralidade muda de sentido – ela não é mais o que permite jogar a responsabilidade para um utilizador, mas o que requer as precauções, a experiência e o modo de cuidado que todo *pharmakon* pede. O ódio pelos artifícios, sempre associados à ameaça do relativismo, é o ódio pelo *pharmakon*. Se tudo depende de um artifício, então se pode fazer com que as pessoas pensem tudo e qualquer coisa. É autoevidente que se pode associar o pior com os artifícios (os grandes rituais nazistas etc.). Mas não será precisamente por isso que é importante praticar sua arte, cultivar uma capacidade de discriminar, entre seus usos, uma experiência de seu poder? Foi preciso que eu compreendesse o poder da tolice para compreender por que o perigo podia servir de argumento, para compreender que aqueles que "se sentem responsáveis" exigem que os únicos meios legítimos sejam os que são garantidos "sem risco", como os brinquedos para crianças. E, enquanto eles exigirem isso, enquanto ficarem obcecados pela ameaça de um populacho fanatizado, sempre pronto a seguir o primeiro guia que chegar, a igualdade com que eles sonham continuará sendo encantatória, anulada pela posição de responsável que eles ocupam.

De fato, entre reconhecer e ignorar a importância do artifício, basta às vezes pouca coisa. Jacques Rancière descreveu maravilhosamente a importância do antigo dispositivo ateniense que fazia a escolha dos magistrados por sorteio.[2] Decerto os envolvidos eram apenas aqueles que podiam pretender a tais funções (nem mulheres, nem escravos, nem os estrangeiros especialmente), mas o sorteio tem importância para Rancière, pois significa que aquele a quem um poder é conferido não o conquistou, não teve que vencer outros, não deverá sua posição ao reconhecimento de seu mérito. Não é, no entanto, o que eu chamei de qualquer um, já que ele terá de pensar, colocar questões, participar de uma deliberação. É, em compensação, um "não importa quem". Não importa quem pode! E é como tal que ele se torna magistrado. Para Rancière, esse "não importa quem" designa a política como aquilo que supõe e efetua uma disjunção com a ordem "natural" – é natural que os melhores, ou os mais competentes, ou os mais motivados governem. Mas ele não se demora na *eficácia* do sorteio como artifício, um artifício que caracteriza também os júris cidadãos ou os júris populares. Os que são sorteados *sabem* que são "não importa quem", e é sem dúvida o que os protege dessa conivência que se estabelece tão facilmente entre os especialistas e aqueles que "se

2 Jacques Rancière, *La Haine de la démocratie*. Paris: La Fabrique, 2005 [ed. bras.: *O ódio à democracia*, trad. Mariana Echalar. São Paulo: Boitempo, 2014].

sentem responsáveis". Eles não devem seu papel a um mérito que os teria distinguido, *e esse papel, ao mesmo tempo, os obriga*, os constrange a procurar o que a situação pede, e não a se pensar capazes de defini-la. Claro, o acaso aqui perde sua soberba conceitual, puro significante da política. Mas ele engaja em um pensamento da eficácia que é importante aprender a honrar.

O acaso é ainda mais interessante pelo fato de situar, de modo bem preciso, a eficácia do artifício. Não se trata de se submeter ao acaso "que decidirá", mas de recorrer a um procedimento que, entre nós e o que fazemos, faz existir o que não é nosso, o que abre a uma situação para a qual não temos que pretender estar "à altura". A maneira como pode causar repugnância a ideia de apelar ao acaso quando se trata de "coisas sérias", não de jogos, traduz a que ponto as razões do mérito ou da motivação criaram um vazio em torno delas, a ponto de identificar o arbitrário com tudo o que não pode ser explicado. Mas o acaso é também o mais simples dos artifícios. Talvez um dia possamos sentir certa vergonha e uma grande tristeza por ter identificado com a superstição práticas milenares, da dos augúrios antigos à dos videntes, leitores de tarôs ou jogadores de búzios. Saberemos então, independentemente de qualquer crença, respeitar sua eficácia, a maneira como eles transformam a relação entre os saberes e aqueles que os praticam, como eles os tornam capazes de um cuidado com o mundo e com seus sinais dificilmente perceptíveis que abre esses saberes para suas próprias incógnitas. Nesse dia, teremos também aprendido a que ponto fomos arrogantes e imprudentes em nos tomarmos por aqueles que não precisam de tais artifícios.

CAPÍTULO DEZESSEIS

Gaia, tal como a nomeei, não pode ser associada, ela, a suscetível, nem com a prece, que se dirige a divindades capazes de nos ouvir, nem com a submissão, requerida por essa outra divindade cega honrada sob o nome de "leis do mercado". Honrar Gaia não é ouvir a mensagem proveniente de uma transcendência qualquer, nem nos resignarmos a um futuro posto sob o signo do arrependimento, ou seja, da aceitação de uma forma de culpa coletiva – "devemos aceitar mudar de modo de vida". Não escolhemos este modo de vida, e todas as sábias narrativas sociológicas que nos falam do indivíduo moderno nos contam de um "resto", do que resta quando se destruiu o que tinha o poder de nos fazer pensar, sentir e agir juntos, quando a livre Empresa conquistou o direito de não ter cuidado e passou para o Estado o encargo de "gerir os riscos".

Se se trata de honrar Gaia, é preciso sobretudo não repetir sobre ela o que talvez tenha sido o erro dos herdeiros de Marx: fabricar uma perspectiva orientada por uma versão humanista da salvação, em que a questão colocada comunicaria de maneira direta com a emancipação de um gênero humano enfim capaz de superar o que o separa de sua verdade. Trata-se, talvez, de salvação, mas no sentido em que essa referência não garante nada, não autoriza nada, não se associa a nenhum "e portanto...", não comunica com nenhuma moral providencialista que reduz a intrusão de Gaia àquilo de que "nossa" história precisava para se realizar plenamente. Responder à intrusão de Gaia com palavras de ordem triunfalistas encenando os fins da humanidade seria não ter aprendido nada, seria continuar a aceitar a grande narrativa épica que faz de nós aqueles que mostram o caminho. Não inventamos o conceito de humanidade? Trata-se, bem mais, de nos desintoxicarmos dessas narrativas que nos fizeram esquecer que a Terra não era nossa, não estava a serviço de nossa história, narrativas que estão em toda parte, na cabeça de todos aqueles que, de uma maneira ou de outra, sentem-se "responsáveis", detentores de uma bússola, representantes de um rumo a ser mantido.

Não basta denunciar os pastores, responsáveis por um rebanho que precisam proteger das seduções e das ilusões. Se fiz o elogio dos artifícios foi porque precisamos recuperar, tomar de volta para nós, reaprender aquilo cuja destruição fez de nós um quase rebanho. E o que chamei de "artifício" traduz essa necessidade. Nós, herdeiros de uma destruição, os filhos daqueles que, expropriados de seus *commons*, foram a presa não apenas da exploração, mas também das abstrações que faziam deles qualquer um, temos que experimentar o que pode recriar – "fazer pegar novamente", como se diz das plantas – a capacidade de pensar e agir juntos.

Ressaltei incessantemente que essa experimentação é política, pois não se trata de fazer com que as coisas "melhorem", e sim de experimentar em um meio que sabemos estar saturado de armadilhas, de alternativas infernais, de impossibilidades elaboradas tanto pelo Estado como pelo capitalismo. A luta política aqui, porém, não passa por operações de representação, e sim, antes, por produção de repercussões, pela constituição de "caixas de ressonância" tais que o que ocorre com alguns leve os outros a pensar e agir, mas também que o que alguns realizam, aprendem, fazem existir, se torne outros tantos recursos e possibilidades experimentais para os outros. Cada êxito, *por mais precário que seja*, tem sua importância. Certamente nenhum será suficiente para apaziguar Gaia, mas todos contribuem para responder às provas que vêm de um modo que não seja bárbaro.

Não se trata, decerto, de substituir por uma cultura do êxito experimental as necessidades de uma luta política aberta, ainda mais necessária pelo fato de ela ter que investir os espaços considerados "fora da política" onde especialistas se animam, calculam limites, tentam articular as medidas a serem tomadas com a imperiosa necessidade de um crescimento sustentável. Até mesmo a noção de limite, aparentemente de bom senso, traz consigo a ameaça dos "não tem jeito, é mesmo preciso..." tristes, mas determinados, que anunciam a barbárie. Os limites são negociados entre responsáveis, são impostos a um rebanho e deixam na sombra o fato de que, em nosso mundo atravessado por desigualdades radicais, seria preciso um verdadeiro milagre para que eles não sejam um fator de desigualdade ainda mais acentuada. E isso, quaisquer que sejam os "prodígios" dessa técnica que hoje nos anuncia que o Homem vai se tornar capaz de manipular a matéria átomo a átomo, de romper suas limitações biológicas, de vencer o envelhecimento e viver em casas "inteligentes" que satisfarão seus menores desejos.

A luta política deveria passar por todos os lugares onde se fabrica um futuro que ninguém ousa realmente imaginar, não se restringir à defesa dos sentimentos adquiridos ou à denúncia dos escândalos, mas se apoderar da questão da fabricação desse futuro. Quem paga os técnicos, como os cientistas são educados, que promessas fazem a máquina de fascinação funcionar, a que sonhos de rico confiamos a tarefa de "relançar a economia"? Os próprios cientistas e técnicos sentem a necessidade de se colocarem tais questões, e alguns, como Jacques Testart, têm a coragem e a lucidez de pedir que elas sejam colocadas, que a luta passe pelos saberes técnicos e científicos, em que hoje ressoam slogans apolíticos do tipo "o planeta está em perigo, vamos salvar a pesquisa!". Mas é justamente pelo fato de a luta política ter de passar por todos os lugares que ela não pode ser pensada unicamente em termos de uma "vitória" ou de uma conquista do poder. E isso não por razões morais, e sim porque nenhum poder, de onde quer que proceda, qualquer que seja sua legitimidade, poderá produzir, enquanto tal, as respostas às quais obriga, em todos os lugares, em todos os níveis, a intrusão de Gaia.

O acontecimento OGM é um exemplo de um novo tipo de articulação entre luta anticapitalista (e a Monsanto representa de maneira bastante exata este capitalismo que prepara um futuro bárbaro) e produção de pensamento. Nossos responsáveis estão prometendo OGM de "segunda" (ou terceira) geração, com o seguinte slogan: "Se vocês os quiserem, têm de engolir os da primeira!". Mas, ao fazer isso, eles suscitam ainda mais questões. Eles não conseguiram isolar os *faucheurs*,[1] colar neles o rótulo de "ecoterroristas", porque se produziram saberes que fizeram com que os especialistas titubeassem publicamente, porque os biotecnólogos produtores de patentes já não podem reunir com tanta facilidade seus colegas cientistas em uma grande cruzada contra o aumento da irracionalidade, porque alguns deles são, ao mesmo tempo que o público, levados a colocar questões. Raros, decerto, são os que, tal como o geneticista Christian Vélot, traem a biologia genética "de dentro", ou seja, põem em perigo suas subvenções de pesquisa e, portanto, sua carreira, para anunciar o que seus colegas calam.

1 Les Faucheurs Volontaires [ceifadores voluntários] é um movimento francês de oposição aos OGM, cujos ativistas destroem terrenos com experimentos transgênicos e culturas de OGM em campo aberto. [N.T.]

O OGM, porém, é um daqueles acontecimentos (também nos ocorrem as lutas relacionadas à questão dos medicamentos ou, a partir de agora, dos recursos energéticos) que, convenientemente "ativados", poderão ajudar os cientistas a questionar o seu papel – seja aquele que lhes é atribuído na economia do conhecimento ou, ainda antes desse, aquele que os reduz à sujeição da tolice, ao papel de guardiões da ordem moral, da racionalidade contra uma opinião que, como dizia Bachelard, sempre se equivoca. A possibilidade de um novo perfil de pesquisadores inventando os meios de sua independência em relação às fontes de financiamento que subjugam suas práticas está agora na ordem do dia. Essa possibilidade faz parte das questões que articulam luta política e criação, pois precisaremos, aconteça o que acontecer, de cientistas e de técnicos.

O que falta ao acontecimento OGM? Em primeiro lugar, uma caixa de ressonância política à altura: até mesmo os aliados políticos, já que dependem de credibilidade eleitoral, têm medo de fazer com que todas as dimensões do acontecimento se comuniquem, ou seja, notadamente, de politizar a questão do progresso impulsionado pela racionalidade técnico-científica, ou a da economia do conhecimento, suas patentes e suas parcerias. "Precisa-se de mais dinheiro para a pesquisa" é um tema que ainda funciona e que não custa nada, como também "os franceses recusam os OGM", retomada frouxa de uma recusa que se acha reduzida a um caso de pesquisa de opinião e de respeito pela opinião pública (mesmo se ela não tem razão). Mas talvez também falte a ele ter sido celebrado como acontecimento, ter sido chamado de acontecimento, ter suscitado testemunhas que aprendam a contar como lhe são gratas, o que ele lhes ensinou, como as reuniu, como as forçou a aprender uns com os outros. Precisamos, desesperadamente, fabricar essas testemunhas, essas narrativas, essas celebrações. E precisamos, principalmente, do que testemunhas, narrativas e celebrações podem transmitir: a experiência que assina a produção de uma conexão bem-sucedida entre a política e a produção experimental, sempre experimental, de uma capacidade nova de agir e de pensar. Tal experiência é o que, no rastro de Espinosa e de muitos outros, eu chamarei de alegria.

A alegria, escreveu Espinosa, é o que traduz um aumento da potência de agir, ou seja, também de pensar e de imaginar, e ela tem algo a ver com um saber, mas um saber que não é de ordem teórica, pois não designa a princípio um objeto, mas o próprio modo de existência daquele que se torna capaz de sentir alegria. A alegria, poderíamos dizer, é a assinatura do acontecimento por excelência, a produção-descoberta de um novo grau de liberdade, conferindo à vida uma dimensão complementar, modificando assim as relações entre as dimensões já habitadas. Alegria do primeiro passo, mesmo inquieto. E a alegria, por outro lado, tem uma potência epidêmica. É o que mostram tantos anônimos que, como eu, sentiram essa alegria em maio de 1968, antes de os responsáveis, porta-vozes de imperativos abstratos, se apoderarem do acontecimento. A alegria é transmitida não de alguém que sabe a alguém que é ignorante, mas de um modo em si mesmo produtor de igualdade, alegria de pensar e de imaginar juntos, com os outros, graças aos outros. Ela é o que me faz apostar em um futuro em que a resposta a Gaia não seria o triste decrescimento, e sim o que os objetores de crescimento já inventam quando descobrem juntos as dimensões da vida que foram anestesiadas, massacradas, desonradas em nome de um progresso hoje reduzido ao imperativo de crescimento.

Talvez, finalmente, ela seja o que pode desmoralizar nossos responsáveis, levá-los a abandonar sua triste pose heroica e a trair o que os aprisionou.

Não se está dizendo que tudo, então, acabará bem, pois Gaia ofendida é cega para nossas histórias. Talvez não possamos evitar terríveis provações. Mas depende de nós, e é aí que nossa resposta a Gaia pode se situar, aprender a experimentar os dispositivos que nos tornam capazes de viver tais provações sem cair na barbárie, de criar o que alimenta a confiança onde a impotência assustadora ameaça. Tal resposta, que ela não ouvirá, confere à sua intrusão a força de um apelo a vidas que valem ser vividas.

SOBRE A AUTORA Isabelle Stengers nasceu em Bruxelas, Bélgica, em 22 de setembro de 1949. Formada em Química e com doutorado em filosofia das ciências na Universidade Livre de Bruxelas, é professora dessa instituição desde 1989, na cadeira de "Práticas de produção de saberes". Em 1979, publicou em coautoria com o prêmio Nobel de química Ilya Prigogine o livro *La Nouvelle Alliance* [A nova aliança], no qual se discute o caráter construído das leis físicas e as consequências disso para a visão que temos da ciência. Se consagrou ao questionar o lugar de autoridade da ciência, com a edição de *A invenção das ciências modernas* (Editora 34) em 1993. A partir de 1989, ampliou seu interesse para além das ciências ditas duras, buscando entender o papel desempenhado pelas ideias da psicanálise e das psicoterapias nas práticas contemporâneas. Entre seus principais livros, encontram-se ainda *Médecins et sorciers* [Médicos e feiticeiros], com Tobie Nathan, de 1995, *Cosmopolitiques* [Cosmopolíticas], em 7 volumes, *Sciences et pouvoirs* [Ciências e poderes], de 1997, *La Sorcellerie capitaliste* [A feitiçaria capitalista], com Philippe Pignarre, de 2005 e *La vierge et le neutrino* [A virgem e o neutrino], de 2006. Entre seus colaboradores mais frequentes estão Tobie Nathan, Philippe Pignarre e Bruno Latour.

COLEÇÃO EXIT Como pensar as questões do século XXI? A coleção Exit é um espaço editorial que busca identificar e analisar criticamente vários temas do mundo contemporâneo. Novas ferramentas das ciências humanas, da arte e da tecnologia são convocadas para reflexões de ponta sobre fenômenos ainda pouco nomeados, com o objetivo de engajar o leitor a pensar saídas para a complexidade da vida de hoje.

COORDENAÇÃO
FLORENCIA FERRARI
MILTON OHATA

24/7 – CAPITALISMO TARDIO E OS FINS DO SONO
Jonathan Crary

TEORIA DO DRONE
Grégoire Chamayou

NO TEMPO DAS CATÁSTROFES
Isabelle Stengers

DEPOIS DO FUTURO
Franco Bifo Berardi

Dados Internacionais de Catalogação na Publicação (CIP)

Stengers, Isabelle [1949-]
No tempo das catástrofes - resistir à barbárie que se aproxima: Isabelle Stengers
Título original: *Au temps des catastrophes - résister à la barbarie qui vient*
Tradução: Eloisa Araújo Ribeiro
São Paulo: Cosac Naify, 2015
160 pp.

ISBN 978-85-405-0975-7

1. Filosofia da ciência 2. Meio ambiente – conservação e preservação I. Título.

CDD 333.72

Índices para catálogo sistemático:
1. Meio ambiente – conservação e preservação 333.72

Liberté • Égalité • Fraternité
RÉPUBLIQUE FRANÇAISE
EMBAIXADA DA FRANÇA NO BRASIL

INSTITUT FRANÇAIS BRASIL

bibliofrança O PORTAL DO LIVRO FRANCÊS

Este livro, publicado no âmbito do Programa de Apoio à Publicação 2015 Carlos Drummond de Andrade contou com o apoio da Embaixada da França no Brasil.

© Cosac Naify, 2015
© Éditions La Découverte, Paris, France, 2009, 2013

Coordenação editorial FLORENCIA FERRARI
Assistente editorial ELOAH PINA
Preparação MARIANA DELFINI
Revisão OIARA BONILLA e CÁSSIA LAND
Projeto gráfico ELAINE RAMOS e FLÁVIA CASTANHEIRA
Composição MÁRIO FERRAZ
Produção gráfica LILIA GÓES E TONINHO AMORIM

1ª reimpressão, 2017

*Nesta edição, respeitou-se o novo
Acordo Ortográfico da Língua Portuguesa.*

*A tradutora agradece as valiosas sugestões de
Marcio Goldman para esta tradução.*

FONTE Edita
PAPEL Alta alvura 90 g/m²
IMPRESSÃO Geográfica